2020年第1辑

价值论研究
RESEARCH ON AXIOLOGY

2020, No.1

孙伟平　陈新汉/主编

上海大学价值与社会研究中心 /编
中国辩证唯物主义研究会价值哲学专业委员会

上海大学出版社
SHANGHAI UNIVERSITY PRESS

图书在版编目（CIP）数据

价值论研究. 2020 年. 第 1 辑 / 孙伟平，陈新汉主编
. —上海：上海大学出版社，2020.11
ISBN 978-7-5671-3964-0

Ⅰ. ①价⋯ Ⅱ. ①孙⋯ ②陈⋯ Ⅲ. ①价值论（哲学）
—研究 Ⅳ. ①B018

中国版本图书馆 CIP 数据核字（2020）第 196928 号

责任编辑　王悦生
助理编辑　王静姝
封面设计　柯国富
技术编辑　金　鑫　钱宇坤

价值论研究（2020 年第 1 辑）
孙伟平　陈新汉　主编
上海大学出版社出版发行
（上海市上大路 99 号　邮政编码 200444）
（http://www.shupress.cn）发行热线 021-66135112）
出版人　戴骏豪

*

南京展望文化发展有限公司排版
江苏凤凰数码印务有限公司印刷　各地新华书店经销
开本 710mm×1000mm　1/16　印张 13.75　字数 211 千
2020 年 11 月第 1 版　2020 年 11 月第 1 次印刷
ISBN 978-7-5671-3964-0/B・119　定价：79.00 元

版权所有　侵权必究
如发现本书有印装质量问题请与印刷厂质量科联系
联系电话：025-57718474

《价值论研究》编委会

主　　　任　李德顺
副　主　任　孙伟平　陈新汉
委　　　员　（按姓氏笔画为序）
　　　　　　马俊峰　王天恩　文　兵　尹　岩
　　　　　　冯　平　宁莉娜　刘进田　刘绍学
　　　　　　江　畅　孙伟平　李德顺　邱仁富
　　　　　　汪信砚　陈新汉　胡海波　段　勇
　　　　　　黄凯锋　韩　震
主　　　编　孙伟平　陈新汉
副　主　编　尹　岩　邱仁富　刘　冰
执 行 编 辑　（按姓氏笔画为序）
　　　　　　王　臻　伏志强　杨　丽　吴立群
　　　　　　沈海燕　张亚月　张艳芬　彭学农

名家访谈

艰难前行的中国价值哲学研究
——马俊峰教授访谈 ·················· 马俊峰 陈新汉 / 003

改革开放 40 年中国价值论研究

高清海与当代中国价值哲学研究 ·················· 倪寿鹏 / 029

价值论基础理论研究

如何应对价值相对主义 ·················· 兰久富 / 047

评价论研究

个体评价视阈中的"面子" ·················· 吴 奇 / 069

社会主义核心价值观念研究

深化凝练社会主义核心价值观 ·················· 顾钰民 金莉黎 / 085
文化自信对社会主义核心价值观的价值审视
·················· 邹安乐 郭秀清 郭玉梅 / 094

文化与价值研究

中华文化可以向世界贡献什么?
·················· 孙伟平 邹广文 崔唯航 郑 开 / 105

文化自信促进道德修养现实化的价值考量 ………………… 唐志龙 / 116
胡适"容忍"思想的西方理论渊源及内涵述评 ……………… 黄凯锋 / 124
社会理论的三条进路与马克思的超越 ………………………… 吕敬美 / 136

价值实践问题研究

以价值哲学的深入研究引领人民对美好生活的向往
　　……………………………………………… 高惠珠　薛春豪 / 151
新时代人的美好生活追求与社会道德自由的实现 …………… 于　洋 / 158

"中西价值观比较"高层学术论坛暨"中国价值论研究发展规划"高层研讨会专栏

编者按 ……………………………………………………………… / 175
后真相时代与价值转型 ………………………………… 李德顺 / 176
作为社会价值观念的人文精神 ………………………… 陈新汉 / 180
主体之后的"犬儒" …………………………………… 邹诗鹏 / 182
价值观比较前提的思考 ………………………………… 陈新夏 / 185
中西价值观异同和社会主义市场经济 ………………… 胡振平 / 188
中国化的价值论研究转向 ……………………………… 胡海波 / 194
中西价值观的比较 ……………………………………… 杨学功 / 197
关于价值哲学发展规划的思考 ………………………… 何云峰 / 199
亟待在信息时代重新刻画人的价值 …………………… 邱仁富 / 201
提升社会主义核心价值观的国际影响力 ……………… 孙伟平 / 208

Contents

Celebrity Interviews

Study on China's Axiology that Progresses with Difficulty
  — Interview with Professor Ma Junfeng   *Ma Junfeng and Chen Xinhan* / 003

Research on China's Axiology in the Past 40 Years' Reform and Opening-up

Gao Qinghai and Axiology in Contemporary China   *Ni Shoupeng* / 029

Research on Basic Theory of Axiology

How to Deal with the Value Relativism   *Lan Jiufu* / 047

Research on Evaluation Theory

"Face" in the Perspective of Individual Evaluation   *Wu Qi* / 069

Research on Socialist Core Values

Further Research on Deepening and Condensing Socialist Core Values
  Gu Juemin and Jin Lili / 085
The Value Examination of Cultural Confidence on Socialist Core Values
  Zou Anle, Guo Xiuqing and Guo Yumei / 094

Research on Culture and Value

What Can Chinese Culture Contribute to the World?
  Sun Weiping, Zou Guangwen, Cui Weihang, and Zheng Kai / 105

Rethinking of Cultural Confidence in Promoting Moral
　　Cultivation from the Axiology Perspective　　　　*Tang Zhilong* / 116
Western Theoretical Origins of Hu Shi's "Tolerance"
　　Thought and its Review　　　　　　　　　　　*Huang Kaifeng* / 124
Three Approaches of Social Theories and Marx's Transcendence
　　　　　　　　　　　　　　　　　　　　　　　Lyu Jingmei / 136

Research on Value Practice

Leading the People's Longing for a Better Life with In-depth Study of Axiolog
　　　　　　　　　　　　　　　　　Gao Huizhu, Xue Chunhao / 151
The Pursuit of a Better Life for People in the New Era and the
　　Realization of Social Moral Freedom　　　　　　　*Yu Yang* / 158

Column of High-level Academic Forum on "Comparison of Chinese and Western Values" and High-level Seminar on "China's Axiology Research and Development Plan"

Leaderette　　　　　　　　　　　　　　　　　　　　　　　　/ 175
Post-truth Era and Value Transformation　　　　　　　*Li Deshun* / 176
Humanistic Spirit as a Social Values　　　　　　　　*Chen Xinhan* / 180
"Cynicism" after the Subject　　　　　　　　　　　*Zou Shipeng* / 182
Thoughts on Comparative Premise of Values　　　　　*Chen Xinxia* / 185
Similarities and Differences between Chinese and Western
　　Values and Socialist Market Economy　　　　　　*Hu Zhenping* / 188
The Research Turn of Sinicized Axiology　　　　　　　*Hu Haibo* / 194
Comparison of Chinese and Western Values　　　　*Yang Xuegong* / 197
Thoughts on the Development Plan of Axiology　　　　*He Yunfeng* / 199
Recharacterization of Human Value in the Information Age　*Qiu Renfu* / 201
Enhancing the International Influence of Socialist Core
　　Values　　　　　　　　　　　　　　　　　　*Sun Weiping* / 208

名家访谈

Celebrity Interviews

艰难前行的中国价值哲学研究

——马俊峰教授访谈

马俊峰　陈新汉

【马俊峰简介】 马俊峰，男，山西人，1954年生。现为山西大学马克思主义哲学研究所教授，博士生导师，教育部"长江学者"特聘教授；兼任中国辩证唯物主义研究会常务理事、副秘书长，中国价值哲学研究会常务理事、副会长。长期从事马克思主义哲学、价值论和社会发展理论研究，承担多项国家社会科学基金项目和北京市社会科学基金项目。在《中国社会科学》《哲学研究》《人民日报》《光明日报》等国内重要报刊发表200余篇学术论文，其中多篇被《新华文摘》《中国社会科学文摘》《高校社会科学文摘》、人大复印报刊资料转载。著有《评价活动论》《人与己》《价值论的视野》《马克思主义价值理论研究》《当代中国社会信任问题研究》《社会公正与制度创新》等，多次获得教育部、北京市社会科学优秀成果奖。

陈新汉（以下简称"陈"）：我国的价值哲学研究已经40年了，一些老人也相继过世，有一些情况还需要留给后学知道，您是比较早参与价值哲学研究的，这次访谈您可谈谈当年的情况？

马俊峰（以下简称"马"）：这个提议很好。我先讲讲当年的理论背景。我们知道，1978年关于"实践是检验真理的唯一标准"的讨论拉开了中国思想解放运动的序幕,这里强调是"序幕",意味着思想解放运动并不是如后世一些人讲的那样一帆风顺,而是有很多曲折和风波,是伴随着一些很严酷的斗争的。提出实践标准,直接针对的是"两个凡是"——其实是此前多少年形成的禁锢我们头脑的新老教条主义,破除"本本""语录"的权威,确立实践的权威。实践是检验真理的标准,这是马克思、恩格斯、列宁、毛泽东都反复强调的基本观点,理论上没有什么可讨论的。现在提出来,实质上是用马克思主义的这个基本观点去质疑、批判、纠正我们现实实践生活中禁锢人们思想的那些东西,尤其是"文革"以来的"语录"权威,以领袖的话(语录)作为真理标准,甚至是革命还是反动的标准。从这个角度来说,实践标准讨论首先和主要的社会作用是政治上的,是高层人物政治态度或政治站队的一种表现,也是中国的一种特有现象。当然这本身就是思想解放的结果,有人举起了这个旗帜,才有拥护还是反对的分野。所以,当党的十一届三中全会召开,重新确立了"解放思想,实事求是"的思想路线,进行了组织调整,完成了政治布局,宣告终止"以阶级斗争为纲"的口号,进行改革开放,这个"战役"基本上就胜利结束了。但毕竟思想解放运动的序幕拉开了,1979年初中央召开的理论工作务虚会上,许多理论工作者坚持思想解放、贯彻研究无禁区的初衷,提出了不少重要的过去不能讨论的理论问题和历史问题,包括如何评价毛泽东历史功过的问题,于是就有了邓小平关于"坚持四项基本原则"的讲话,为思想解放划定了底线。自此理论界就开始了新的分化,此后至少是20世纪80年代的许多争论,政治标志则是"清污""反自由化"等,都与此有很大关联。1983年,在纪念马克思逝世100周年学术报告会上,围绕周扬在开幕式上所作的《关于马克思主义的几个理论问题的探讨》主题报告,掀起了一场大争论。按照黄枬森先生的说法,"这是20世纪80年代初的一场集中而热烈的论战","这场讨论是真理标准讨论的继续"。①

这场争论的主要问题,一个是人道主义问题,一个是异化问题,还有一个是关于知性思维阶段的问题。给周扬起草报告的主要人物有《人民日报》理论部的王若水和社科院文学所的刘再复等人,都是主张比较彻底的

---

① 黄枬森:《关于人道主义和异化问题的讨论》,《北京大学学报》(哲学社会科学版)2010年第1期。

解放思想和反思历史的。胡乔木作为当时中央主管理论工作的领导，对周扬报告的观点持批评态度，专门写了《关于人道主义和异化问题》，还出了单行本，代表了官方态度，所以这场争论在相当程度上就变成了批判在人道主义和异化问题上的错误观点，至少批判者的观点成为主流观点。这个过程中提出了作为历史观的人道主义和作为价值观、道德观的人道主义的区别问题，并广泛引发了理论界对人的问题的哲学思考。关于实践唯物主义的讨论和争论，也是在这个背景下开始的，也可以说是更为深入地从哲学基本理论层次对马克思主义哲学变革和性质的讨论，其参与规模之广、延续时间之久、涉及问题之大、反思程度之深，都是以往所没有的。我曾经在一篇文章中说道，"随着（实践标准）讨论的深入，思想解放就像冲破了大堤的洪流，猛烈地冲击着长期以来形成的各种思想禁锢和思想禁区。哲学又一次充当了思想解放运动的先导，它以其特有的批判性反思，不仅批判着'文化大革命'中被搞乱了的各种理论，而且进一步追问着'文化大革命'得以形成的思想理论前提和社会历史根源，拷问着新中国成立以来逐渐形成并日益严重最终成为主导的'左'倾路线及其教条主义哲学的思想基础。如果说'伤痕文学'的文艺思潮从艺术角度拨动了人们痛定思痛的情感神经，那么关于人道主义讨论的理论思潮则直接从哲学的角度来检讨'文化大革命'中普遍出现的反人道主义行为的深层原因，反思这一特殊历史时期中国人对社会主义的理解和现实社会主义实践中对人的漠视与马克思主义旨在人的解放的本真精神的背离，以及造成这种背离的哲学理论原因。从对实践是检验真理的唯一标准的简单运用到对实践本身的深入研究，引发了对实践的主体性、价值性的重新发现，引发了对如何看待实践在马克思主义哲学中的地位和作用的思考，进一步引发了对以原苏联哲学教科书为蓝本的'辩证唯物主义和历史唯物主义'哲学的合理性的检讨。'实践唯物主义'的提出，可以看作是当代中国哲学家们摆脱原苏联哲学的二手资料直接从马克思哲学文本研讨其本真精神、重新理解马克思主义哲学的一次伟大尝试，是当代中国哲学家们摆脱了教条主义桎梏后第一次以独立的主体姿态探讨马克思主义哲学变革的重大试验。正因为这个缘故，实践唯物主义成为当代中国马克思主义哲学中最具号召力、最有影响力的一面旗帜，成为孳生出后来的各种自成一派的哲学主张如生存哲学、生活哲学、实践哲学的发源地。也是由于这个缘故,实践唯物主义与其说是一个派别,不如说是一种批判传统教科书哲学的思潮,在实践唯物主义的旗帜下,汇集了对马克思主义哲学的多种理解,甚至在某些问题上存在着严重对立的理解。"① 我国价值哲学的研究,就是在实践唯物主义讨论中孕育和发展起来的,并作为一支重要理论力量或从一个侧面支持和论证实践唯物主义的观点,并成为新时期马克思主义哲学发展的一个重要热点领域。

陈：你是什么时候关注到价值问题并参与到价值哲学研究中来的？

马：我是1982年从南开大学哲学系毕业后考入中国人民大学哲学系做研究生的,导师是李秀林教授。我的硕士论文题目是"论真理的具体性",在做论文的过程中,比较关注国内学界对于真理问题的讨论,这就涉及真理的价值与价值真理的关系问题。

说实话,当年作为学生,我们关注理论界风云的层次是比较低的,视野也很窄,因为那时我们除了本身理论储备不够,也不知道许多高层和内部的情况,许多东西都是后来才知道的。我当时对于人道主义和异化问题关注就比较少,倒是对知性思维的定位比较感兴趣。周扬的文章中讲到,康德和黑格尔都区分了知性和（辩证）理性,恩格斯也对知性思维的特征及其缺陷进行过分析。我们过去只讲感性认识和理性认识,忽略了知性思维这个阶段,实际上是思维停留在知性阶段,也就是抽象阶段,未能继续向具体思维上升,这怕是"唯心主义盛行、形而上学猖獗"（毛泽东语,大意如此）的认识论根源。这个观点对我触动很深,启发很大,我以"论真理的具体性"为硕士论文选题,与此直接关联。记得我硕士毕业留校后不久,参加全国真理问题讨论会,在小组讨论中,不少老师在发言中说,真理与谬误相比较而存在、相斗争而发展,这些都好理解,都没有问题,但要说二者相互渗透,那就说不通,真理中渗透了多少谬误还算是真理,渗透了多少谬误就不是真理了？如果承认相互渗透,势必会导致相对主义和实用主义,所以要坚决反对。我在发言中说,真理和谬误这两个概念都是经过思维抽象后确立的,都是"纯粹的",在这个概念层次上,当然无法相

---

① 马俊峰、李本松：《马克思主义哲学变革的实质》,载马俊峰主编《中国当代哲学重大前沿问题》,河北人民出版社,2011,第4—5页。

互渗透。如果我们不是仅仅停留在概念层次，而是结合思想史和科学史的材料，联系到具体主体的情境，那么就会发现，所有真理都是当时人们认为是具有真理性的理论，谬误亦然，而在后来的认识发展中，原来被认为是真理的理论总包含着一些谬误，或是内容方面的，或是适用范围方面的，原来被当作是完全谬误的观点，也包含一些真理性的颗粒。这不就是相互渗透的本来意思吗？怎么就无法理解呢？我的发言受到老师们的肯定，推举我代表小组作大会发言。这件事给我印象很深，我后来也多次对学生讲过。黑格尔讲，人们都说哲学理论抽象，其实哲学最敌视抽象，马克思在《〈政治经济学批判〉序言》中讲他的辩证法就是从抽象上升到具体，可我们一些搞了一辈子哲学的人，都没弄懂这个道理。一些理论争论，包括价值哲学中的争论，就是因为从抽象的概念或定义出发，或总是执着于概念和定义才造成的。

我在硕士论文中讨论了感性具体和思维具体的关系，分析了作为真理的理论既要在内容方面上升到思维具体，即马克思说的多种规定的统一，也要在理论的适用范围方面达到具体即准确，真理超越了界限，用列宁的话说，哪怕是向同一方向超过一小步，也会转化为谬误。不仅如此，认识真理是为了应用到实践中，那么对于真理的各种应用条件包括客观条件和主观条件也要达到具体认识，才能使实践成功。这就意味着，实践检验认识是不是真理是一个非常复杂的过程，甚至对于一个实践是不是成功，都会有不同看法，有很多争论。这些争论就会涉及事实问题，也会涉及立论者的立场问题和对实践结果的价值评价问题。

当时价值论研究已经如火如荼地展开了。一般认为，1980 年中国政法学院（现中国政法大学）杜汝楫发表的《马克思主义论事实的认识和价值的认识及其联系》（《学术月刊》1980 年第 10 期），是我国价值论研究的发轫之作，1981 年 8 月 8 日何祚榕在《光明日报》发表《一个值得研究的问题》予以推介，引起广泛关注。1982 年初中国人民大学罗国杰在《哲学研究》第 1 期发表《试论马克思主义伦理学的价值观》，1982 年 9 月 18 日刘奔、李连科在《光明日报》发表《略论真理观和价值观的统一》，1984 年两人又发表《从真理的价值属性看部分社会科学真理的阶级性》（《社会科学辑刊》1984 年第 4 期）。李连科连发多篇文章，《人的价值是什么？》

（《国内价值动态》1982年第5期）、《关于价值的哲学分类》（《天津社会科学》1985年第2期）、《关于马克思主义哲学价值论的探讨》（《社会科学研究》1985年第2期）、《关于价值、价值评价与科学认识》（《学习与探索》1985年第3期）。李景源发表《科学认识、价值意识和实践目的》（《光明日报》1983年5月2日）、《论价值范畴》（《青海社会科学》1983年第1期）。王永昌在《国内哲学动态》发表《"事实检验"和"价值检验"》（1983年第2期），赖金良在《江海学刊》发表《论事实认识与价值认识及真理的阶级性》（1984年第1期）、《评价性认识简论》（《人文杂志》1985年第4期）。从时间上看，1985年似乎是一个爆发点——袁贵仁发表《价值与认识》（《北京师范大学学报》1985年第3期）、《价值概念的认识论意义初探》（《国内哲学动态》1985年第6期）、《论价值真理概念的科学性》（《哲学研究》1985年第9期），张岱年发表《中国古典哲学的价值论》（《学术月刊》1985年第7期），李德顺在《中国社会科学》上连发两篇长文《真理与价值的统一是马克思主义的重要原则》（《中国社会科学》1985年第3期）和《关于"价值真理"和主客体概念》（《中国社会科学》1985年第6期）。《哲学研究》连续刊登郑庆林的《价值问题的哲学探讨》（1983年第8期）、黄海澄的《关于价值问题的几点商榷》（1984年第12期）、袁贵仁的《论价值真理概念的科学性》、薛克诚的《客观真理刍议——兼评价值真理》（1985年第9期）、庞学铨的《价值真理是科学的概念吗？——与袁贵仁同志商榷》（1986年第1期）、马志政的《论价值属性》（1986年第1期）、冯彦辉的《不能否认价值真理》（1986年第2期）、辛望旦的《论价值真理概念的非科学性》（1986年第2期）、李德顺的《论评价认识的对象——价值事实》（1986年第6期）。《国内哲学动态》也刊登了一系列关于价值论方面的文章。这些国家级刊物所做的工作无疑对于推动价值论研究起了极大作用。李连科的《世界的意义——价值论》专著也在1985年由人民出版社出版。从上述的发文过程可以看出，经过几年的酝酿和预热，价值论研究已经在全国范围内蓬勃地开展起来了。

由于当时实践和认识都被认作属于认识论范畴，真理问题又是认识论的核心问题，关于价值真理概念能否成立就引起了很大争议。这应该是价值论研究中的第一次争论。我对此持不同意见，写了《价值真理、真理价值与真理阶级性》，发表在《国内哲学动态》1985年第4期。那时我们研究生不参加教研室活动，所以对老师们并不熟悉，一次在哲学系办公室遇到李德顺老师，当时我还不认识他，他问你就是马俊峰，然后谈到我的文章，给我介绍了一些情况，鼓励我继续研究。接着我又针对性地写了一篇商榷文章投稿给《哲学研究》，主要观点是研究价值问题意义极大，研究中提出的各种理论观点也有真理和谬误之分，但这不是价值真理，因为这与其他领域的真理并没有什么区别。价值真理这个概念的本意是区分价值评价的对错，是指正确的价值评价，但在评价中起决定作用的是主体所持的立场，评价针对的是不同的价值关系。对革命者来说，湖南农民运动"好得很"，但对于当时统治者来说，湖南农民运动就是"糟得很"，这二者都是对的，都反映了实际。引入价值真理概念，认为"好得很"的判断是真理，"糟得很"的判断是谬误，只能引起混乱。我印象是王玉恒老师负责处理我的稿子，还找我去编辑部谈过，但最后没有采用。1986年夏，《哲学研究》与杭州大学哲学系联合在杭州召开一次小规模的关于价值真理问题专题研讨会，给我发了通知，这在当时研讨会还很少的情况下，可算是一种殊荣。我记得参加会议的有《哲学研究》的王玉恒、陈荷清，《中国社会科学》的何祚榕，《人文杂志》的王玉梁，还有广西师范大学的黄海澄，杭州方面有薛克诚、马志政、王永昌、赖金良等，北京师范大学有袁贵仁，中国人民大学的就是我，上海有鲍宗豪，好像还有庞学铨、陈依元，其他人就记不清了。会议是在严子陵钓台一家宾馆进行的，住处很紧张，我被安排与何祚榕、黄海澄住一屋，一屋只有两张床，他们俩睡，我在过道加的床上睡。在房间里我听他们讲了哲学理论界的许多掌故逸闻，大开了眼界。研讨会开得很好，讨论很热烈，会上也认识了好多人。会后在《哲学研究》发了一组笔谈，我写的是《价值客观性新证》。这该是第一次关于价值问题的专题研讨会，所以，1987年王玉梁以《人文杂志》为平台组织召开全国价值论学术研讨会，称为第二届，以杭州会议为第一届，后来就按着这个顺序，举办了第三届、第四届等。到1991年西安会议的规模就大多了，中国人民大学由李德顺带队，包括我和刘继，还有几个学生都参加了。北京师范大学以袁贵仁为首，胡敏中、方军等也有好几个人，江畅、陈新汉、冯平等都参加了会议，我与陈新汉和冯平就是在这次会议上认识的。此后召开多次价值理论研讨会，包括中日价值理论研讨会，王玉梁和《人文杂志》都是主要策划和召集者，几乎每次会议的论文都结集出版，留下了很宝贵的材料；《人文杂志》还开辟了价值哲学专栏，对于发现和培育新人，对推动中国价值哲学研究发展起了很大作用。在王玉梁和江畅的联系和组织下，1997年在东京举办的中日价值理论研讨会，中国去了6人，有王玉梁、李德顺、李连科、陈新汉、江畅和我，1998年在波士顿召开的第20届世界哲学大会，王玉梁、赵馥洁、陈新汉、江畅和我与会。2003年在土耳其伊斯坦布尔举办的第21届世界哲学大会，中国去的人较多，该是与世界价值探索学会的广泛邀请有关。这些都是后话了。现在刘奔先生、李连科先生和王玉梁先生都已经作古，但他们为中国价值哲学发展所做的贡献，是人们永远不应该忘记的。

有一件事值得特别记叙，20世纪80年代，各单位科研经费都比较紧张，1987年在西安举办的全国价值论学术研讨会的经费就是几家筹集的。我记得李德顺想方设法给筹了5 000元，北师大的袁贵仁等好像也出了钱。会后由陕西人民出版社出版了论文集《价值与价值观》，给了一批书，好像是200本，李德顺嘱我去联系新华书店帮助寄售。我找了几家，人家都不开展这种业务，最后找到北京西四一家书店，他们愿意接受寄售，就放在他们那里，但卖得并不算好。我去结账，发现他们把书放在经济类图书那里，就跟他们说不对，这是哲学类书，他们说是按照书号排列的，原来出版社将价值字样的书都归到经济类。重新放到哲学类也没卖出多少，一年多以后，我又把剩余的几十本拿了回来。从这件小事可以看出，那个时候连学术出版社和新华书店都不知道价值是怎么回事，而到现在，价值、价值观已经成为妇孺皆知的热词了。

陈：李德顺老师组织的"价值论译丛"和《价值学大辞典》工作，是早期价值论研究中的大事，您都参加了吧？

马：李德顺是人大哲学系1964级的本科生，毕业后分配到燕山石化工作，任宣传科副科长，1978年考回人大读硕士研究生，1981年毕业留校任教，1983年在职读博士研究生，是萧前老师招的第一届博士生。他是国内最早关注价值问题的研究者之一，1985年他在国内顶级学术刊物《中国社会科学》上连续发表两篇价值论的长文，这是较罕见的，引起很大反响。

他的博士论文《价值论——一种主体性的研究》，是国内第一篇关于价值问题的博士论文，被人大出版社纳入"人大文库"于1987年出版，该著作获得中华图书奖一等奖等多个大奖，影响很大。记得当年他博士论文答辩时，我们都参加了，会议室摆满了鲜花，座无虚席，几位答辩委员都是学界最著名的人物，都给出了很高的评价。李德顺是很有国际视野和抱负的学者，在研究价值问题的过程中，他深感国内学界对国外相关理论成果了解的不足，需要选择一些著作和论文予以翻译出版。组织翻译"价值论译丛"就是这方面工作的体现。"价值论译丛"共12本，分为两批，第一批有《马克思主义中的价值论》（〔苏〕B. ß. 图加林诺夫著，齐友[①]、王霁、安启念译）、《价值论伦理学——从布伦坦诺到哈特曼》（〔美〕芬德莱著，刘继译）、《价值和评价——现代英美价值论集萃》（〔美〕R. B. 培里等著，刘继编选）、《价值哲学》（〔日〕牧口常三郎著，马俊峰、江畅译），这几本由人大出版社1989年出版。第二批有《价值判断》（〔英〕W. D. 拉蒙特著，马俊峰、王建国、王晓升译）、《价值与义务——经验主义伦理学理论的基础》（〔美〕A. 塞森斯格著，江畅译）等，由人大出版社1992年出版。在选择这些书的过程中，因为刘继和江畅外语好，所以贡献很大，英文著作的挑选主要是他们做的。"价值论译丛"为国内学者了解国外的研究情况，起了很大作用。还有一本台湾学者翻译的《价值哲学》（〔阿根廷〕方迪启著），李德顺得到后复印了好几本分给我们。这本书对于我们了解现代价值理论的源流和争论，起了很大的作用。

在组织翻译"价值论译丛"的过程中，不少参与者都向李德顺提出编撰《价值学大辞典》的事情，认为这个事很重要，其标志着一个国家价值理论研究的成熟程度，也为后来的研究者提供一个基本的工具书。这个事唯有他出面组织和领导才有可能。因为与"价值论译丛"相比，编撰《价值学大辞典》是更为浩大的工程，从设计安排词条到寻找合适的人员撰写，到集中统稿，到安排出版，都是非常费心费力的事情。经过两三年的努力，《价值学大辞典》终于在1994年完成并出版了。我曾经在一篇文章中写道，那时候不比现在，没有经费支持，也没有组织机构，参加人员有好几十位

[①] 齐友即李德顺——作者注。

之多，涉及诸多学科，比如经济学、政治学、社会学、新闻学、法学等，作者有北京的，还有全国各地的，全靠主编的人望和参与者的学术热情，实在是非常不容易的事情。出版后只有微薄的稿费，李德顺嘱我予以分发，多的几十上百块，少的只有十几块，几年下来，原来的人员单位变了，通讯方式变了，有的还出国了，仅仅是把稿费交到作者手里这件小事，都是很费了一番工夫的。无论如何，《价值学大辞典》的出版是一件大事，尽管从今天的眼光看还有不少不尽如人意之处，但毕竟是那一个阶段的一件具有总结性和标志性意义的事情，几乎可以说是价值理论界同仁共同参与的一个成果。人大出版社在这方面的大力支持，也是功不可没的。

这里也有一件值得记叙的小故事。"价值论译丛"出版十多年后，一次李德顺打电话问我手头还有没有当年我们翻译的牧口常三郎的《价值哲学》，我说只有一本，怎么啦？他说他在一次国际交往场合遇到日本创价学会会长池田大作先生，交谈中池田知道创价学会首任会长牧口常三郎的《价值哲学》被译成了中文，非常高兴和感动，想要几本留念，还把自己的一部摄影作品集作为礼品赠送给他。不久我去李德顺家时看到这部摄影作品集，很厚的一大本，印刷非常精致，很有艺术价值。

陈：成立中国价值哲学研究会是我国价值哲学发展中的一件大事，您可以介绍一些这方面的情况吗？

马：中国价值哲学研究会是 2006 年成立的，这确实是中国价值哲学发展中的一件大事。实际上，在编撰《价值学大辞典》的过程中，一些同志就提出过成立全国价值哲学研究会的事情，一开始大家设想和期盼的是成立一个一级学会，但在中国那时的体制下，这个事情是很难办的。20 世纪 90 年代，我国的价值研究已经很成气候了，有人称已成为"显学"，可能夸张点，但至少是哲学研究中的一个热点领域，许多同志不仅关注而且都参与进来了。每次价值哲学会议，参加者都很踊跃，往往有好几十人。那时各单位的科研经费都不宽裕，召开一次会议需要层层申报和审批，首先需要筹集经费，这些都是比较麻烦的，也都是现在不可想象的。因为没有个统一组织，这些会议就是靠热心人张罗，价值哲学会议虽然冠以第几届，但都不是定期举办的。在这方面，陈新汉、江畅、冯平他们几位都是大有功劳的。在这个过程中也逐步形成了几个价值哲学学术研究群落或中心，北京有人大和北师大，然后是西安、上海、湖北和广州。特别值得一提的是，北师大后来成立并获批成为教育部"价值与文化研究基地"，这是国内第一个成建制、有编制、有固定经费支持的价值哲学研究组织，定期出版《价值与文化》刊物，成为推动价值哲学研究的重要力量。我也受邀作为基地的客座研究员，不过惭愧得很，顶了这个名，实际上没怎么参加其具体研究工作。我的印象中，陕西省是第一个也是唯一一个成立省级价值哲学学会的，首任会长是王玉梁，王先生逝世后，由刘进田接任。1996 年，李德顺被调到中国社科院哲学所工作，随后不久孙伟平也调到了哲学所，时任社科院院长的李铁映又很重视价值哲学研究，多次催促李德顺成立一个价值哲学研究室，将全国力量组织起来。在这种条件下，2001 年经李德顺牵头，与各方面协商后，成立了价值哲学研究室，李德顺任主任，陈新汉和我任副主任。李德顺那时主持哲学所工作，他一直想推动成立全国哲学联合会，因为其他一些主要的一级学科都有全国性的联合会，如中国政治经济学学会、中国社会学研究会等，这样会有利于整合全国哲学界的力量，做一些长远规划等。2003 年他率领哲学所有关人员参加在土耳其伊斯坦布尔召开的世界哲学大会，重点考察世界哲学大会的运作模式，并于 2004 年组织召开了全国哲学大会，希望能为成立全国哲学联合会预热或造势。可惜的是，由于多方面的原因，此计划未能实现。2006 年，他调离哲学所到中国政法大学工作，任人文学院院长。全国价值哲学研究会原本想按照一级学会的级别申报，但遇到很大阻力，不得已只能改变策略，作为全国辩证唯物主义学会下的一个二级学会，绕过了层层审批的麻烦，于 2006 年年底成立。李德顺当选为首任会长，副会长有韩震、陈新汉、江畅、汪信砚、冯平、孙伟平、刘进田和我，孙伟平兼秘书长。成立大会在中国政法大学召开。此后，全国价值哲学会议就改为年会形式，每年召开一次。这时情况就大不一样了，各单位的科研经费也比较充足了，所以往往是多个学校单位竞相争取，显现出价值哲学研究的兴盛状况。我记得是陈新汉提议，为显示连续性，可将以前召开过的会议按届都算进来，此提议获得大家赞同。这样，到 2019 年为止，价值哲学会议（年会）已开到了 21 届。同时在 2019 年也进行了换届，现任会长是孙伟平，李德顺是荣誉会长，几位副会长基本没变，尹岩是秘书长，并且以《价值论研究》作为学会的连续出版物。

再补叙几句对外交流和与国际价值探索学会关系的事。美国原有两个价值问题研究的协会，一个是国际价值探索协会，另一个是国际价值研究会。20世纪90年代，我们除了与日本学者联合召开学术研讨会之外，还与国际价值探索学会联系——1998年我们去波士顿参加世界哲学大会，就是由国际价值探索学会邀请的。他们是世界哲学大会注册单位，每次世界哲学大会，他们有一个专门的圆桌会议，可以自行邀请各国学者；而且与世界哲学大会同步，五年进行一次换届选举。1998年换届，美国的阿巴罗教授任主席，2003年施罗德教授接任。由于几次国际会议中国学者参加的人数占了大多数，影响日益扩大，于是就在中国召开了多次国际价值哲学研讨会。所以，2008年换届就由江畅教授担任国际价值探索学会主席。这种由中国学者担任国际学术组织主席的事恐怕还是第一次，这也从一个方面说明了中国的影响力。2013年在希腊召开世界哲学大会期间，国际价值探索学会也进行换届工作，由于沟通不到位，中间出现了一些矛盾，也主要针对麦格耐尔操弄换届的不民主做法，李德顺代表中国价值哲学研究会对之表示了强烈不满，并与多名中国学者一起愤而退席，同时宣布终止与国际价值探索学会的合作。这次换届结果依然由中国学者北师大吴向东教授接任主席。2018年在北京召开世界哲学大会期间世界价值探索学会又一次换届，继续由北师大田海平教授接任主席。中国价值哲学研究会则与国际价值研究会合作，继续开展对外交流工作。并与施普林格出版社合作出版了中国价值哲学研究的论文集《我们时代的价值哲学》（英文版），李德顺的专著《价值论》也由他们译成英文版向全世界发行。尽管有这些曲折，总的说来，中国学者在国际学术领域发出了自己的声音，其成果也产生了很大的影响，其地位得到了普遍的承认。

陈：您的《评价活动论》，是价值论领域关于评价问题的专著，得过奖，被一些学校哲学院系列为博士生必读文献，影响很大，请您谈谈这本书。

马：《评价活动论》是我的博士论文。我1985年硕士毕业后留校任教。那时还实行分配制，研究生比较稀缺，据说人大一个研究生有15个单位争着要，紧俏得很，我们好些同学都去国家行政部门了。我上大学前在工厂机关待过几年，深感自己的性格不适合机关工作，虽然也没做过老师，但觉得做老师尤其是大学老师，在时间安排和按自己意志做事方面自由度都更大一些，所以就选择留校当老师。记得临毕业时，我的导师李秀林刚被任命为中国人民大学研究生院常务副院长，负责组建研究生院，他征求我的意见，希望我到研究生院工作，做他的助手，我说我想先到系里做教师，等有了教学经验和职称后，再去研究生院，这样我不愿意做行政工作时还有个退路。李老师也没有勉强我。没想到我毕业不久李老师就去世了，才活了55岁，太可惜了。他的去世是人大哲学乃至全国马克思主义哲学界的重大损失，这绝不是虚话。我留校就在马克思主义哲学原理教研室，几十年都没挪过窝，一直到去年准备退休，而又机缘巧合调到了山西大学。我是1988年读在职博士研究生的，导师是萧前教授，李德顺给予了推荐和支持，也是我的副导师。我读博期间，李德顺担任教研室主任，所以我在《评价活动论》后记中这么写道，我与德顺老师有三重关系，首先他是副导师，其次是领导，再就是大师兄。有一次在西安开价值论的会，黄海澄老师对我说，我看你和德顺是师友之间，我回答说，师为主，友次之。我留校后与一块工作过的这些老师，李德顺、郭湛、陈志良、安启念、王霁、单少杰、段忠桥、杨耕、郝立新、徐飞等，还有毕业后到外单位工作的师兄师弟，如庞元正、欧阳康、任平、王永昌、赖金良、王晓升、刘陆鹏、贺金瑞等，都结下几十年的友谊，他们都给予我这样那样的帮助，我一直是心怀感念的。

  由于有前几年做价值论研究的基础和经历，博士论文我就决定围绕评价问题来做，恰好又正借手翻译拉蒙特《价值判断》，也接触到不少国外研究资料，做来还是比较顺手的。我记得当时确定以"评价活动论"为题，还是学习和借鉴了刘大椿老师的著作《科学活动论》。刘老师不赞同当时流行的仅仅从结果方面把科学当作揭示客观规律而符合实际的理论（真理）的定义，认为科学首先是人类探索客观世界的社会活动，是一种社会分工门类，这种立足科学发展史、从社会分工社会作用角度理解科学活动的做法，极大地拓展了我们理解科学的视野，也为正确对待科学探索活动中的失误或谬误提供了基础。还有一点，我以为，科学作为人类认知活动的典范，本质和核心是搞清楚对象或客体的实际情况或本来面目，这客体可以是自然界的，也可以是社会现象，还可以是人自身，无论它们有多大差别，但作为科学研究对象，科学认知就是要弄清楚它们"是什么"（实际）、"为什么"（原因）和"会怎么"（趋向），与之相对应，评价则着重要解决的问题，是把握、评估、权衡、预测一定对象对主体的价值，确定对象对主体有没有价值，有什么价值，有多大价值。直接地看起来，这里说的把握、评估、权衡、预测都是对价值的认识方式，评价就是对价值的认识，就是价值认识，既然是价值认识，也就有认识的对错问题，就有价值真理和谬误问题。确实，当时有不少同志是按照这个思路来看待评价问题的，认为价值真理是一个科学概念，也是顺着这种思路思考的结果。围绕价值真理概念能否确立的争论，直接地看，是是否承认这个概念能够作为一个哲学概念，而在深层意义上，是坚持在或沿着既有的认识论框架研究价值问题，还是必须超出认识论框架和思路，寻找价值论特有的研究路径，包括如何看待价值论在哲学体系中的地位的问题。

前面说过，我一开始就质疑价值真理概念的合理性，认为从认识论角度看，确立价值真理并没有什么特殊的必要性，因为价值真理与别的真理没有什么本质性差别，若从评价论角度说，它又没有揭示出评价过程中是否对错问题的特殊性，甚至还可能遮蔽了评价不同于认知的特点。经过博士生阶段的研究，可以说我对这一点的认识和理解更深入更具体了。这里就《评价活动论》中的相关观点做一点概述。

第一，价值与评价的关系问题是价值论的基本问题。这既是哲学基本问题即思维和存在关系问题在价值论领域的表现，又有自己的特殊性。纵观历史上关于价值问题上的争论，比如价值是一种什么性质的存在，是价值决定评价还是评价决定价值，都是围绕着这个基本问题而进行的，也是依如何回答这个问题而形成不同的运思路径和理论体系的。价值有很多种存在形式或形态，评价也有很多种形式，它们之间既不是简单的一一对应关系，也不是杂乱无章的混沌状态。价值论研究作为哲学基本理论研究，需要我们坚持马克思主义哲学唯物辩证法，既要站在哲学基本问题的高度坚持价值第一性、评价第二性的总体原则，又要深入细致研究各种评价形式的特殊性以及与价值的特殊关系，力求贯彻从抽象上升到具体的要求，达到思维具体，以获得对评价活动的科学认识。

第二，评价作为对价值的观念性把握活动，是一种特殊的反映活动。国外有学者根据心理学关于知情意的意识结构，认为评价是情感的活动，只有通过情感才能进入价值世界，这是有问题的。现实的主体、现实的人的意识活动是统一的，评价活动中既有情感的参与也依赖知的因素和意的因素，是完整的统一的意识活动的一种功能，用拉蒙特的话来说，评价是一种意动性活动（区别于意向性活动），即一种包含着改变对象现状以合乎主体需要的意识倾向。与之相反，一些学者认为评价就是做价值判断，把价值判断等同于评价，这也有问题。价值判断是理知层面的评价，是评价的一种形式，尽管说它在整个评价活动中居于最突出的地位，我们对评价活动的研究也主要以此为对象，但不能以偏概全，把评价的某种形式等同于评价一般。我认为，评价作为人的意识活动的一种功能，一种区别于认知的功能，它存在于意识活动的各个层次，换句话说，评价活动也是分层次的，有下意识层次、心理感知层次、情感层次、理知层次，各有特点，也各有作用，既有区别又有联系，既不能混同也不应割裂。这是从评价的个体微观层面说，从其作为社会性活动的一面说，又有个人评价和社会评价，分类评价和综合评价，事先评价和事后评价，有功利评价、道德评价、学术评价、审美评价，等等，形成了非常复杂的形态，只有充分认识这种复杂性多样性，认识到做出合理恰当的评价的困难性，才能有效地防止评价活动研究中的主观片面性。

第三，对于评价活动的特殊性或特点，当时不少学者指出评价有主观性、社会性、历史性等，我在著作中指出，我们讨论和指认评价活动的特点，一定要有一个参照系，是参照什么而具有的特点，否则，关于特点的讨论就毫无意义，因为从这方面看是特点，从另一方面看又是共同点。这些所谓评价具有主观性、社会性、历史性特点的观点，就没有意识到这是参照什么而言的。如果我们明确这里讲评价是针对或比较认知活动，是以认知活动为参照，是讲它们之间的不同，那么主观性、社会性和历史性恰恰不是评价活动的特点，而是评价活动和认知活动的共同点。我以为，相对于认知活动，评价活动有如下特点：① 与认知活动的运行方向不仅不同而且相反。认知的思维运行方向是从主体到客体，最高要求是思想观念符合对象的实际情况，创造性也好，想象力也好，调查也罢，研究也罢，总之都得以符合对象的实际为依归，用恩格斯的话说，不掺杂任何主观的附加，而评价活动则是从客体到主体，是主体要求、希望客体按着自己需要的方向来变动，用我们哲学的语言表述，要求客观符合主观。② 由此规定，认知活动中虽然主体有自己的思维模式、认知图式等，但总力戒先入为主的成见，要虚怀若谷，根据新获知的客体情况随时改变自己的见解，而评价则必须标准先行，若无评价标准，评价活动就无从开展。正如一个检验工，若没有工件什么尺寸算合格的标准，无论他测量技术多好，也是无法开展工作的。对评价活动而言，选择和确立评价标准成为一个核心的问题。人们在评价中出现的许多争论，尤其是那些重大的往往不能经过讨论而统一的争论，就是因为评价标准不同而引起的。③ 认知活动当然要通过一个个的个人来实现，但从哲学认识论的高度讨论认知，却是设定以人类为主体，科学家的发现就是人类的发现，真理以人类为主体，凡是真理就对整个人类都是普遍有效的，因此，认识论中不存在主体间关系的问题，而评价活动则恰恰是以多元主体的存在为前提。价值作为主体性现象，同一个事物对不同人的价值关系是不同的，即所谓因人而异、因时而异，评价作为对这种价值关系的观念把握，不同主体就是因为不同立场、不同标准而相互区别和对立，其在评价方面的对立就是一种常态性存在，有许多是无法消泯也是没必要统一的，各自的有效范围则都是有限的。④ 认知活动以达到真理为最高目标，真理是客观的、一元的，是普遍有效的，真理多元论实质上是主观真理论，是相对主义的表现，理论上是错误的。但对于评价活动则不能这么说。评价作为对价值的观念把握，当然也有对错问题，但这不是主要问题，评价中的最高目标是恰当，是恰如其分，是主体条件（包括兴趣爱好等）、客体条件、主体间关系条件、手段条件、时间和地点条件等在各方面的综合统一，是能够实现价值的最大化。这就需要灵活机动，而不是普遍有效。从社会学和政治学角度看，在评价活动中体现的反映的是主体发展水平、能力、境界等，本质是不同主体的权利问题，因此对于不同主体的不同评价，重要的根本的不是分出对错，而是相互理解、包容和尊重。不懂得认知和评价之间的这些差别，不了解评价活动的这些特点，总习惯于从认识论的模式和框架来对待评价问题，总认为存在一个也是唯一一个科学结论，总希望能够把不同的评价统一起来而且觉得必须统一起来，这是不利于思想解放、不利于改革开放、不利于构建民主法治国家的。

第四，为了更深入地理解评价活动的特点，必须进一步分析评价活动的结构。这个结构可以分两个方面，一是静态结构，一是动态结构或过程性结构。从静态方面看，与认知活动主体——客体结构（当然这是简化或抽象的）不同，实践中形成的主体—客体之间的价值关系，即实存的价值关系，构成了评价的对象，评价者则与上述的主体合一，既是价值关系主体又是评价主体。换句通俗的话讲，我评价的总是某对象对我或我们的价值。依俗常的看法和理解，我评价一本书，评价一幅画，评价一部电影，书、画、电影是对象，我是评价者，这其实是不对的，这是按照认知和认知结构来理解评价活动的。实际上，是这书、这画、这电影先行与我发生了价值关系，我作为评价者再来把握这价值关系，这两个过程可能是重叠的，是同时发生的，但在逻辑意义上是两种关系、两层关系，是不能混同的后者以前者为对象的关系。这里我特别强调了"体验"这个范畴的重要性。以往我们的认识论以认知为对象，只讲感知，没有体验，评价活动中则必须重视体验。体验作为本体或自体经验，是存在论意义上价值关系的确证，也是价值关系转化为评价意识和评价活动的关键。在这里，我在看这书、这画、这电影的过程中所形成的价值关系，通过体验引发我的喜欢或厌恶的情绪，再进一步形成它们是好还是坏、何以好何以坏的评价。我们直接说的是这书、这画、这电影，似乎这好和坏是它们本身的属性，实际上说的、表现的是我的感受，我基于这种感受体验而拥有的态度，我对它们的分析都是为了支持或说明我的这种态度是合理的，这种分析说明有获得别人认同的普遍化的倾向，但并不必然有这种倾向。评价的动态结构，也就是其过程中各个环节的关系，旨在说明，评价作为一种社会性活动，尤其是作为其典型形态的决策评价，并不是一次性的，往往要通过评价—实践—反馈的多次反复。限于篇幅，这里就不多作介绍了。

《评价活动论》被人大出版社列入"博士文库"于1994年出版，因为是国内关于评价的第一部专著，所以还是引起了较好较大的反响。1998年，该书获得教育部优秀社科成果三等奖，这对于我这个名不见经传的普通老师来说，还是很受鼓舞的。

陈：您在 2007 年《哲学动态》发表《重视规范价值的研究》，引起了争论，还是有一些影响的，说说您的研究心路。

马：2006 年在中国政法大学举办的中国价值哲学研究会成立大会上，我作了《重视规范价值研究》的发言，会后《哲学动态》的强乃社同志觉得比较有新意，把文章要去了，发在《哲学动态》2007 年第 1 期上。同期还发了江畅的文章《价值追求的多元化与行为规范的一元化——论世界和谐的基本格局》。胡敏中同志看了后写了商榷文章，我在《再论重视规范价值的研究——兼论"普世价值"》一文中作了回应，此后又在《学术研究》发表《规范性价值在价值体系中的地位和作用》，在《哲学研究》发表《社会规范合理性的论证方式及其比较》。这些论文中的思想都写进《马克思主义价值理论研究》中。说起研究心路，可以说最早启发我作这方面思考的是人大哲学系马博宣老师，他是研究伦理学的，当然最重视规范。他曾经对我说，你们现在讲的价值，涉及道德方面的，只是讲道德的价值，而没有讲清道德价值。另一个是赖金良，他是最早对价值论研究的主客体关系方式提出质疑的。在一次价值哲学研讨会上，他在发言中提出，从主客体角度理解价值，对物的价值能解释得比较好，但对人的价值问题的解释就有片面性，应该用主体间关系代替主客体关系，因此也引起了价值论研究方法论的争论。我当时的意见，是认为他提的问题非常好，方法论反思很重要，从主客体角度理解人的价值确实有一些问题，但不赞同把主客体关系与主体间关系对立起来，主体间关系角度应该是对主客体关系的一种补充，也是一种深化或具体化。这些都是思想理论层面上的启发，更引起我注意和思考的是社会情况的变化。我们知道，我国价值论研究作为改革开放新时期马克思主义哲学研究的一部分，作为既受思想解放激发又自觉积极推动思想解放运动的力量，始终是与社会实践密切关联的。最初之所以特别强调主体、需要、价值，把主体需要当作价值标准，都是针对多少年来流行的作为正统的哲学理论忽视人、甚至压抑人尤其是个人的需要的弊端的。用秦晖的话说，计划体制时期，不仅是以整体压抑个人，而且是以大共同体压抑小共同体，要说主体，那就只能有一个主体，因此也就只能有一个思想。改革开放，搞市场经济，理论上就必须承认和保护各种主体的权利，激活所有主体的积极性。在这一方面，价值论研究的成果对于国人的价值观念转变是起了很大作用的。但经过20多年之后，市场经济实践已经比较充分地激活了社会细胞（个人、企业）的活力，而由于应对方式不对路，客观上也是由于这个社会转变过程、发展过程过急过快所以难以从容应对，导致各种违规现象丛生，社会秩序紊乱，旧的规矩已然失效而新的规范又没有确立起来，换句话说，纸面上的法律、制度、规章制定了不少，改变了改革初期"无法可依"的状况，但这些规矩却没有树立足够的威信，导致到处都是"有法不依"的现象。在我看来，我们的价值论研究的重点或重心也需要有个转变，仅仅在价值观念层面讨论，呼吁加强思想教育是远远不够的，需要瞄准制度、规范，从深层次理论上说明问题，配合"依法治国"的总体要求。这方面的观点概述如下：

第一，关于价值分类。价值论是对"是非好歹"现象的研究，如果将好歹与利弊得失联系，从主客体角度，以主体需要为标准，则很好地说明了形成利弊得失的根据，解释了好歹何以为好歹，我把这类价值称为"实在性价值"。这里的主体不限于个人，任何层面的主体如家庭、集体、民族、国家等都是主体。对这种"实在性价值"，评价标准（观念）与价值标准（需要）是不同的、分开的，你认为某对象对自己是好，未见得就真是好，到底是不是好，以是否真实地满足了需要为根据。而对于"是非"以及相联系的相对应的"对错"问题，则不能从这个角度理解，需要从主体间关系、从社会文化的角度去理解和解释。"是非""对错"只涉及人的行为，是人的言行的"是非""对错"，判定标准就是社会规范，如道德规范、法律规范、各种规章制度等，在这里评价标准与价值标准是重叠的、同一的。一个行为是否违法，法律规定是标准，法官判决也以此为准绳；一个行为是否是道德的，也依当时的道德规范而定。这种以规范为标准而言的价值，就是"规范价值"或"规范性价值"。我国价值论研究中关于需要能否作为标准的争论，实际上是把这两类价值相混同的结果。

第二，规范价值的核心问题是规范问题，是规范何以形成及其合理性的问题。历史上大多数思想家所说的"价值"，主要是指规范价值，主要是为人们的社会行为确立是非对错的标准，他们多从宗教、神学或"圣人之言"来为规范的形成及合理性进行论证，也有些思想家从"天地之性""自然法"的角度论证规范的合理性，即使如功利主义、实用主义从人的经验、感受、快乐出发来讨论，也多把人当作无差别的自然人，他们都试图寻找一个终极的永恒不变的根据，所以都不能科学地解决这个问题。马克思主义价值论坚持从现实的人和人的实践活动出发，把规范看作是人们交往过程中的矛盾的社会性的暂时解决方式，突出了规范及其合理性的历史性和实践性，为解决这个问题奠定了坚实基础。规范价值是社会"规定"的价值，而规范则是社会地、历史地、文化地产生的。规范价值不同于规范的价值，规范的价值属于"实在性价值"，是依能否更好更合理地解决人们交往中的矛盾、形成一定的社会秩序、促进社会发展和人的发展的需要为根据、为标准。这就为理解规范的历史更替、新的规范为什么能代替旧的规范提供了合理的可以实证的论据。

第三，由于长期受哲学教科书主观/客观简单二分的思维方式的影响，具体到价值现象的研究中，一些人看到价值评价不能像科学真理那样普遍有效，就认为价值是主观的。我们反对价值主观主义，这是对的，可由于缺乏思维方式和方法论的自觉，一些同志习惯于根据认识论框架思考问题，认为评价和价值观念等是主观的，价值是客观的，价值观念可以多样，评价可以因人而异，但符合价值的认识或观念只有一个，那就是价值真理，人们都应该统一到价值真理的认识上来。在他们看来，价值体系不包括价值观念和价值认识，现在我们社会出现的各种矛盾和冲突，本质上是价值观念多元化的结果，是精神文明建设没抓紧、放松了思想教育的结果。我对这种观点是持反对态度的。在我看来，价值的客观性仅仅表现在价值不以评价为转移，不是你认为什么有价值什么就有价值，你觉得有多大价值就有多大价值，即使仅仅局限于你与对象的价值关系也是如此，到底有没有价值、有多大价值最终还要看是否真正满足了你的整体的发展需要，这是一方面。另一方面，看待和理解社会的价值体系，不能简单以精神/物质、主观/客观来区别和划分，社会价值体系从静态上看是各种价值的结构性关系，但从动态的角度看就是各个环节先行继起的顺序，价值观念、价值规范都是价值实际运动的环节，人们既按照自己信奉的价值观念，也按照社会的价值规范来综合评价从而进行自己的价值选择的，众多个体的价值选择形成了社会实际的价值运动过程。市场经济为什么能够促进经济、社会和人的发展,就在于承认各种主体的权利,在这个基础上解释和要求各自的责任,通过权、责、利的统一普遍交往形成"全面需要和全面生产"的体系,同时又注重各种制度、规范建设,市场经济就是法治经济。很显然,在以市场经济为基础的现代民主社会条件下,价值观念多元化是一种必然,是落实言论自由、信仰自由等宪法规定的基本人权的必然结果。总是以中世纪、专制制度下的一元化为参照,认为多元化是虚无主义,是不正常现象,总想要回归一统,肯定是错误的,也是办不到的。合理的思路,只能是加强制度的建设,加强法治建设,强化社会规范的作用,强化人们对规范的认同和遵从,放开高限,扎紧底线,从而真正打破我们既往的"一管就死,一放就乱"的恶性循环,形成"活而有序""争而不乱"的社会秩序。这里丝毫没有否定、贬低思想政治教育、精神文明建设的意思,而是强调思想政治教育、精神文明建设一定要对路,要顺应人的发展和社会历史发展的总体趋势,要与加强规范建设、制度建设、法治国家建设形成合力,才能取得较好的效果。

陈:您曾经申报和承担社会公正、社会信任方面的课题研究,是否与上述的思路有关?

马:20世纪90年代,随着社会主义市场经济作为经济体制改革目标的确立,我们结束了长达十多年的关于市场与计划的争论,全方位、大规模地快速向市场经济转轨,在这个过程中,各种假冒伪劣、各种违规违法现象大量涌现出来,造成了比较普遍的社会混乱。"道德滑坡"一度成为一个热词,许多人都将之看作是社会乱象的根源。同时,国有企业改制中出现的"内部人私分大锅饭"(秦晖语)问题、大量下岗工人问题,社会分配制度不合理导致的一些人一夜之间暴富的问题,大量社会不公正现象引起人们的普遍不满,人们之间的信任度几乎达到冰点,有些社会学研究者提出已经出现了信任危机。针对这些社会热点问题,21世纪之初,我申报了"社会公正与制度改革研究"(国家社科基金项目)、"社会信任问题与社会主义事业发展"(教育部社科基金项目),都获得了批准。就我个人的研究思路来说,在一篇关于价值论研究情况的综述中我曾提道,经过了十几年的关于价值本质、价值观念的讨论,不同学者的基本观点大致已经形成,再争论也不会收获大的成果,想统一几乎不太可能,所以我们应该转向一些具体社会问题的研究，通过运用价值哲学的基本理论，来证明自己的见解和方法的有效性。这也是体现价值论研究社会作用的一种路径。我对规范价值的一些观点，就都是在关于制度和社会公正、关于社会信任研究的过程中逐渐形成的。

先说社会信任。我们知道，在这个问题上，伦理学研究者更愿意也更多使用的概念是"诚信"，更多将之当作是一种对个人的道德品质、道德要求，这当然有其合理性。但局限性也很明显，比如，首先是设定，如果每个人都具有了这种道德品质，在对待别人时都能够保持这种诚信，那社会交往、社会秩序就肯定是很和谐的了。问题在于这只是一种逻辑推论，而前提很难成立，至少是很难保证的。信任则是主体基于各种价值的通盘考量而形成的一种价值态度，或者说是基于主体利益（广义）安全而选择的一种策略行为。二者的基点是不同的。其次，在传统的农业社会、熟人社会中，舆论贬褒作为道德他律的手段能起到很大作用，而在当今的都市生活形成的生人社会中，舆论就难以起到以往的那种约束作用。在以市场经济和普遍交往的现代社会，传统的人格信任模式几乎已经失效，或者说继续沿用这种人格信任模式，就必然要付出极大的交易成本，因此难以为继，许多家族企业难以扩大就是这个道理。现代社会交往中，经济交往占了极大比例，许多失信问题主要不再是道德问题而变成法律问题，只有启用现代系统信任模式，即通过国家法律系统来作为保障，通过有效地惩治失信行为，才能维护社会的信用体系，提高人们的社会信任度。认识不到时代的这种变化和特点，总是指责老百姓个人道德不好，如网络上调侃的那样"这一届人民群众不行"，总想通过加强思想教育来解决问题，因此应对措施不当，就会出现"劣币驱逐良币"现象，更加恶化了社会信任状况。

对于社会公正也是如此。"公正"作为一种价值现象，不能仅仅从伦理学角度去理解和研究，需要从广阔的价值视野来考量。如罗尔斯所言，公正是制度的首要价值，即是说，需要首先从公正的维度来考量一定制度的设计和安排。按照历史唯物主义的观点，制度就是一种规范，源于解决现实的人们社会交往中出现的矛盾和冲突，直接地看，技术性的一面，手段价值的一面比较突出，能解决问题的制度就是有效的制度，是好制度，但从深层次看，解决问题的效果总是有暂时之效和长远之效的区别，唯有比较公正的制度才能获得人们较普遍的认同和遵从，不仅能解决问题，而且能够减少矛盾和冲突，并降低制度的维持成本。政策也有一种制度效应，在一定意义上政策与制度就是一回事，政策多变必然失信于民。为什么会多变，就是因为制定政策时考虑不周全，没有较好地照顾到多方面的利益和价值诉求，不科学，不公正，因此既有的问题没解决好还引起了更多的矛盾和反对，依靠强力也维持不下去。政策如此，法律也是如此。我们必须看到，对于制度、法律、政策等社会规范，公正是其形成威信和权威的内在根据，唯有公正才能持久，人们才能信服，才能形成普遍的信任，才能有尊严、威信和力量。我们在这方面的最大缺陷，就是变动太多、太大，舆论太配合，又经常"打脸"，以致制度和法律的尊严很难真正确立，这是急功近利、投机主义、机会主义的集体无意识和社会心态能够普遍性存在的根本原因。从马克思主义价值哲学角度研究公正，公正也是一种规范价值，不存在抽象的终极和永恒不变的公正，不同时代有不同的公正和公正观。在前现代社会，等级制是公正的，合理的；在现代社会，自由与平等是基本人权，也是论证公正的基本依据。但公正既不等于自由，也不等于平等，而恰恰是二者矛盾的一种暂时解决方式。马克思主义公正观有两个维度，一个是科学理论的维度，即对公正问题的理论解释和说明，二是作为无产阶级价值观或共产主义价值观的维度，二者不能混淆，前者是后者的基础。只有坚持马克思主义科学与价值统一、真理观与价值观统一的基本原则，在对公正问题达到科学的合理的理解基础上，才能既看到无产阶级公正观的历史进步性，又看到实现这种公正观的历史条件性。我们今天还处在社会主义初级阶段，这是中国最大的国情、最大的实际，我们必须从这个最大实际出发，任何过度超越这个国情和实际的理论和想法，无论看上去多么美妙多么诱人，最后都会因为脱离实际而形成无数次的来回折腾。在这方面我们有着深刻的教训。

这方面的一个很大误区，就是所谓"公正与效率"的背反，似乎为了公正就得牺牲效率，为了效率就不能那么公正。公正优先兼顾公平，就是建立在这个基础上的。我在《马克思主义公正观的基本向度及方法论原则》（《中国社会科学》2010年第6期）中对此进行了辨析和澄清，引起了较好的社会反响。

陈：您的《价值论的视野》获得了北京市哲学社会科学优秀成果二等奖，《马克思主义价值理论研究》获得了吴玉章人文社会科学优秀成果奖，请谈谈这两部著作。

马：《价值论的视野》是我的论文集，被武汉大学出版社纳入"当代中国马克思主义哲学中青年名家文库"2010年予以出版，《马克思主义价值理论研究》则是作为袁贵仁、杨耕主编的"马克思主义哲学基础理论研究"丛书中的一部，由北京师范大学出版社于2012年出版。前一部著作选辑了我在价值论方面发表的主要论文，后一部著作则力图比较全面地综合展示我国价值论研究方面的成果。获奖也是表示一种社会承认，这个我就不去多谈了。

几年前，《哲学动态》上刊登了《大变革时代的价值哲学——访马俊峰教授》（2016年第8期）的访谈文章，我在那篇文章中主要是就一些观点包括争论、包括对价值哲学研究的问题表达了我的意见，这篇访谈主要按照时间顺序记叙一些事情，这样两个方面都照顾到了。大家如果有兴趣，可以去看看那篇访谈文章。有些地方说得不准确的，也请提出批评，谢谢。

【执行编辑：陈新汉】

改革开放 40 年中国价值论研究

Research on China's Axiology in the Past
40 Years' Reform and Opening-up

高清海与当代中国价值哲学研究[*]

倪寿鹏^{**}

【摘　要】 高清海先生在反思苏联模式马克思主义哲学体系、探索中国特色新体系教科书的过程中，提出并深入阐发了"实践观点的思维方式"，为我国当代马克思主义价值哲学研究奠定了理论基础。他晚年对"类哲学""当代中国哲学"的一系列思考既有鸟瞰人类社会发展大势的历史视野，又有立足当代中国现实的主体性自觉。这是对"实践观点的思维方式"的"接着说"，旨在不断超越以神为本或以物为本的旧哲学，在实践中确立现实的人的价值主体地位，真正达至以每个人的自由和全面发展为本的目标。

【关键词】 高清海；实践观点；类哲学；价值哲学

高清海先生对于我国马克思主义哲学界的影响是根本性的，也是全局性的。学界广泛注意到他对苏联模式马克思主义哲学体系的深刻反思，对中国特色新体系教科书卓有成效的探索，以及他晚年独树一帜地提出类哲学，主张创建兼有民族性、时代性和人类性的当代中国哲学。一些学者还注意到高清海哲学与当代中国价值哲学研究的关系问题，特别提到类哲学

---

* 本文系中国政法大学教学改革项目"《价值哲学》课程内容与教学方法改革研究"的阶段性成果。
** 倪寿鹏，中国政法大学人文学院副教授，主要从事马克思主义哲学和价值哲学研究。

对于价值哲学研究的意义。譬如，王南湜教授接受了孙伯鍨先生在分析《1844 年经济学哲学手稿》时提出的"双重逻辑"观点，进而认为科学逻辑与人本逻辑在马克思思想中始终存在，只是在后期著作中，二者尽管互为前提，却是各成体系的，马克思对科学逻辑的揭示较为彻底，对人本逻辑的揭示则较为零散；高清海先生的类哲学进一步发展和完善了马克思哲学中人本逻辑这一面，"有可能为近几十年在中国兴起的价值论或价值哲学提供一个全新的理论基础"①。在王南湜教授看来，"价值论无疑当属于'人本逻辑'，而非'科学逻辑'。但人们往往囿于单一性的'科学逻辑'的思维方式，而试图将价值论建立在科学逻辑的基础上，从而导致了种种理论上的困难。因而，若是基于'类哲学'所提供的'人本逻辑'，则有可能建构起一种新的价值哲学理论来"②。王南湜教授的观点是很有启发性的，尤其有助于纠正价值哲学研究中的科学主义之偏，揭示、继承和发展马克思哲学中的康德传统，但是他将价值论和类哲学都归入人本逻辑，断言"高清海先生以一种康德式的'二元论'去将'能动性'引入哲学理论，以为'价值世界'奠定理论基础"③，这种"回到康德去"的论调对高清海哲学进行了过度诠释，似已不自觉地偏离马克思实践观点的思维方式。在实践观点内部存在着貌似对立的两个逻辑面向，这在本质上是从不同视角出发对人的实践生活进行抽象所致：唯心主义者抽象地强调人的主观能动性，形成人本逻辑；旧唯物主义者抽象地强调事物的客观必然性，形成科学逻辑。实践观点针对的正是科学主义和人本主义的片面逻辑，旨在实现对二者的双向超越。高清海先生的类哲学和当代中国价值哲学都不能被仅仅归结为人本逻辑，其哲学基础仍然是实践观点的思维方式。如果我们较为系统地考察高清海和当代中国价值哲学研究的关系，这一点将是显而易见的。

---

① 王南湜：《"类哲学"：价值世界的理论奠基——高海清先生晚年哲学思考的再理解》，《吉林大学社会科学学报》2015 年第 1 期。
② 王南湜：《"类哲学"：价值世界的理论奠基——高海清先生晚年哲学思考的再理解》，《吉林大学社会科学学报》2015 年第 1 期。
③ 王南湜：《"类哲学"：价值世界的理论奠基——高海清先生晚年哲学思考的再理解》，《吉林大学社会科学学报》2015 年第 1 期。

一 实践思维:当代中国价值哲学研究的出发点

在苏联模式马克思主义哲学体系中,并没有价值论的位置。尽管图加林诺夫等人早在20世纪50至60年代就开展过相关研究,出版了《论生活和文化的价值》《马克思主义中的价值论》等著作,但是苏联主流学界对此持否定态度,武断地将一切价值哲学研究都归为西方新康德主义的流毒。直到20世纪80年代,价值论在苏联哲学词典中仍然被界定为唯心主义的资产阶级哲学理论。苏联主流学界的判断标准并不仅仅出于政治上的捕风捉影,更重要的是,他们的马克思主义哲学体系和思维方式陈旧落后,根本无法容纳价值问题。"传统的马克思主义哲学体系有一个以认知主义为背景的思维方式和概念系统,含有明显的'客体至上'、'单向认知'和'知识本位'等倾向,突出地表现为对实践和人的主体性的忽视,而价值问题恰恰要以人的主体地位和作用为核心才能展开研究,因此,旧的哲学思维不能真正理解价值问题。"[①] 只有突破苏联马克思主义哲学体系及其思维方式,确立以实践为理论核心的新体系新思维,价值论才有望在马克思主义哲学中生根发芽,茁壮成长。在这一关乎当代中国价值哲学研究根本的问题上,高清海先生是最重要的奠基人之一。

杨耕教授指出,"中国马克思主义者对马克思主义哲学体系的反思与重建始于20世纪80年代。1985年出版的高清海的《马克思主义哲学基础》,标志着中国马克思主义者开始反思和重建马克思主义哲学体系。"[②] 其实,早在20世纪50年代,高清海先生在《论辩证唯物主义与历史唯物主义的关系——哲学与社会学的统一和分化》一文中,就已对苏联模式教科书的二元结构进行过认真的反思。1980年冬,他开始准备编写突破苏联模式的新教科书,1982年完成的编写纲要以思维和存在的矛盾开篇,接着分别论述了客体和主体,最后以主客体在实践基础上的统一收束全篇。到了1985年

---

① 萧前等:《唯物主义的现代形态——实践唯物主义研究》,中国人民大学出版社,2012,第442页。
② 杨耕主编:《马克思主义哲学体系研究——历史演变与基本问题》上册,四川人民出版社,2019,序言第6页。

《马克思主义哲学基础》上册出版时,他在绪论中明确指出,马克思主义哲学"把实践的观点提到首要和基本观点的地位……并且把这一原则彻底贯彻到哲学全部内容之中,建立了以实践为基础、与实践内在统一的哲学体系,由此解决了旧哲学不可克服的内在矛盾"①。尽管高清海先生谦称"有些问题虽已认识到,能否贯彻到内容中去还是另一回事",该书尚不能"完全表达出马克思主义哲学的内在逻辑联系"②,但这部教科书的问世不仅在国内引起强烈反响,在国际上也引起了有关专家的注意,它被公认为中国马克思主义哲学体系改革的里程碑,预示着实践唯物主义③思潮的到来。

在《我的学术道路》中,高清海先生回忆说,"需要从'实践观点'去理解马克思的哲学理论,这点到 20 世纪 80 年代中期国内许多学者都认识到了,但人们对实践的内涵、性质特别是它的意义的理解却是各不相同的"④。即使在苏联模式教科书中,诸如"实践是认识的基础和真理的标准"⑤ 之类提法也很寻常。问题在于,那些大谈特谈各方面"认识"和"真理"的教科书,就其整体结构和精神而言,恰恰是僵化教条的,而不是基于"实践"的,这表明其编著者并不真正了解马克思哲学革命的实质。坚持实践观点,绝不是重复"知行合一""观念付诸实践"之类老生常谈,而是要转换思维方式,将整个哲学安置在全新的根基上。笔者认为,高清海先生对实践思维的理解深度,代表了这一时期中国马克思主义哲学体系改革的领先水平。

只是在深入研究西方哲学史之后,高清海先生才重新认识了哲学,也重新认识了马克思。他发现在马克思主义哲学产生以前,西方哲学史经历了分别以本体论、认识论和人本学为主导的三大理论阶段,并相应产生了

---

① 高清海主编:《马克思主义哲学基础》上册,人民出版社,1985,第 107—108 页。
② 高清海主编:《马克思主义哲学基础》上册,人民出版社,1985,序言第 7 页。
③ 高清海先生力推实践观点,但对于唯物论、唯心论背后的本体论思维方式十分警惕,因而他反对实践唯物主义、实践本体论一类提法。笔者认为,这一见解是深刻的,实践本体论的提法多少有些自乱阵脚,实践唯物主义虽然有一定经典文本根据,但这个术语的内在矛盾和张力恰恰需要通过实践观点来澄清,使其区别于传统本体论。参见高清海:《面向未来的马克思》,中央编译出版社,2018,第 186—187 页。
④ 高清海:《面向未来的马克思》,中央编译出版社,2018,第 367 页。
⑤ 苏联科学院哲学研究所:《马克思主义哲学原理》上册,中国人民大学出版社编译室译,人民出版社,1959,第 364 页。

三种基本的哲学思维方式:"(1)以直观认识为特征,由脱离人(或融化人)的自然出发,从本原把握事物本性的'存在论'思维方式(自然观点是它的初级形式);(2)以思辨认识为特征,由脱离自然的人出发,从最高发展形态把握事物本性的'意识论'思维方式;(3)以上二者的简单综合为特征,由抽象的人出发,从意识与存在的机械结合去把握事物本性的'人本学'思维方式。"① 在论证自然世界和属人世界各自的统一性方面,以往的哲学是很有建树的,但是这两个世界本身如何统一,它们都难以自圆其说。这是由于旧哲学对于两个世界的定位本身,已经先行将二者抽象地割裂开来。马克思在《关于费尔巴哈的提纲》中精辟指出:"从前的一切唯物主义(包括费尔巴哈的唯物主义)的主要缺点是:对对象、现实、感性,只是从客体的或者直观的形式去理解,而不是把它们当作感性的人的活动,当作实践去理解,不是从主体方面去理解。因此,和唯物主义相反,唯心主义却把能动的方面抽象地发展了,当然,唯心主义是不知道现实的、感性的活动本身的。"②

在高清海先生看来,苏联模式教科书的编著者和支持者虽然很熟悉这句话,可惜熟知非真知,他们不仅没有贯彻,甚至没有理解马克思的新思想。"从实践观点看来,哲学关于世界统一性的问题主要并不是回答世界(万物)'是什么'和'怎么样'的知识问题。关于世界的知识的问题在今天科学与哲学已有分工的条件下主要属于科学回答的问题。哲学面对的世界主要不是知识的世界,而是对人关系中的意义性的世界。……这点表现在哲学对象特别是马克思主义哲学对象上面,它绝不是一般地去研究关于世界的'是什么'和'怎么样'的内容,而只能是在对人及其活动的关系中世界是什么和怎么样的内容。"③ 用马克思的话说,"被抽象地理解的,自为的,被确定为与人分隔开来的自然界,对人来说也是无。"④ 可见,实践观点不同于传统的实体思维,它是一种以人为本的关系思维。这种关系思

---

① 高清海:《哲学与主体自我意识——论马克思实践观点的思维方式》,北京师范大学出版社,2017,序言第5页。
② 《马克思恩格斯选集》第1卷,人民出版社,2012,第133页。
③ 高清海:《哲学与主体自我意识——论马克思实践观点的思维方式》,北京师范大学出版社,2017,第239—240页。
④ 〔德〕马克思:《1844年经济学哲学手稿》,人民出版社,2000,第116页。

维实现了对传统的唯物论和唯心论的双重超越,使人与人、人与自然在实践活动中的对象性关系成为哲学存在论①的中心,取代了传统本体论中非人实体的地位。如果我们像詹姆逊一样将马克思主义理论也视为一种诠释学,那么实践在其中的地位,就有如欲望之于弗洛伊德主义、自由和焦虑之于存在主义,是一种承担终极诠释功能的主导符码。

高清海先生坦言,"我由'本体论'接受哲学,后来逐渐进到从'认识论'去理解哲学,经过对人——主体的思考阶段,最后方提升到实践论的思维方式。在到达这一最高点时,顿有豁然开朗之感。"② 实践思维代表着人类思维方式在经过直观认识、抽象反思阶段之后,进一步发展到自觉其主体作用的全新阶段。它意味着哲学不再执迷于超感性的理性王国,而是回归生活世界,朝向生活本身。"确立了实践的观点,也就为我们打开了一个新的哲学天地,由此才有可能引出对于主客体问题、价值问题、人学问题、自我问题、非理性问题等种种问题的思考和研究。"③

二 以人为本:确立人的价值主体地位

当代中国价值哲学研究兴起于 20 世纪 80 年代初,其发展进程大体与实践观点的流行和深化是同步的,也是相互交织、相互促进的。1978 年开展的真理标准大讨论使"实践是检验真理的唯一标准"深入人心,起到了解放思想的作用,打破了"两个凡是"的教条,为我国的改革开放事业进行了理论准备。但是,真正从哲学高度来看,这个命题还有待进一步深化。1980 年 5 月,王若水在《光明日报》编辑部召开的一次座谈会上提出:"实践的成功或失败检验认识的正确或错误,那么,又用什么标准去衡量实践

---

① 上段引文中高清海先生也提到存在论,他是在本体论意义上使用该词;笔者此处所谓存在论,其含义更为宽泛,指与认识论、价值论并列的三大哲学元理论之一,它既有本体论形态(古希腊哲学),也有生成论形态(中国传统哲学)、实践论形态(马克思哲学)等。参见杨学功、李德顺:《马克思哲学与存在论问题》,《江海学刊》2003 年第 1 期。
② 高清海:《哲学与主体自我意识——论马克思实践观点的思维方式》,北京师范大学出版社,2017,序言第 6 页。
③ 高清海:《面向未来的马克思》,中央编译出版社,2018,第 321 页。

的成功或失败呢？实际上这也有一个标准，就是实践的目的。无目的的行动是无所谓成功或失败的；而目的不同，对同一实践的结果就可以有不同的看法。"① 这就顺理成章地引出了价值和评价问题。一般认为，杜汝楫在《学术月刊》1980 年第 10 期发表《马克思主义论事实的认识和价值的认识及其联系》一文正式拉开了当代中国价值哲学研究的序幕。刘奔、李连科在 1982 年 9 月 18 日发表在《光明日报》的《略论真理观和价值观的统一》一文中提出：实践一方面是检验真理的标准，由此解决主观和客观的矛盾；另一方面又作为价值尺度来确定事物同人的需要之间的联系，由此解决主体和客体的矛盾。李德顺在《中国社会科学》1985 年第 3 期发表的《真理与价值的统一是马克思主义的重要原则》一文中进一步提出：真理和价值同属于实践的内在要素，分别体现事物的客体尺度和人的主体尺度，这就决定了实践是真理标准和价值标准的有机统一体，也是真理和价值统一的桥梁。② 应该说，这些成果已经达到了相当的理论水平，初步完成了马克思主义价值论的原则建构。

就笔者所见，高清海先生主编的《马克思主义哲学基础》下册（1987 年出版）第一次将当代中国价值哲学的研究成果纳入了马克思主义哲学原理教科书，并进行了创造性发挥，尤其是突出了人的主体价值的根本地位。该书在第六章"人作为主体的基本规定性"的第三节"自为性"中，专门分析了"一、价值主体"和"二、人的价值"问题，前者包括"价值概念、价值原、价值评价"，后者包括"最高价值、自我评价、人生价值"。书中指出："价值属于关系范畴。价值，就是以人为主体用以表示事物具有满足主体需要的属性、作用和意义的概念"③；"在人与物的关系中，人是主体、物是客体，人是人一切活动的最高目的，物则不过是实现人的目的的一种手段"④；"从个人之间的相互关系来说，他们的价值意义都是相对的，这里没有绝对的主体，也没有绝对的工具。……在这里是互为主体和工具的，一个人的主体价值是通过他人的工具价值而实现的，一个人的主体价值也

---

① 王若水：《为人道主义辩护》，生活·读书·新知三联书店，1986，第 74—75 页。
② 参见王玉樑：《当代中国价值哲学》，人民出版社，2004，第 52—58 页。
③ 高清海主编：《马克思主义哲学基础》下册，人民出版社，1987，第 51 页。
④ 高清海主编：《马克思主义哲学基础》下册，人民出版社，1987，第 59 页。

只能通过把自身作为工具的价值才能体现出来"①;"所谓主体价值……是指价值原的价值、创造价值的价值。相对于客体的工具性价值,主体性价值是绝对的、最高的价值"②。与萧前先生主编的《马克思主义哲学原理》(1994年出版)等后来的教科书相比,此处价值论的地位尚不鲜明,内容也有待丰富化、系统化,但是坚冰已经打破,航路已经开通,一种兼有存在论、认识论和价值论的马克思主义哲学体系已经呼之欲出了。

更加可贵的是,高清海先生的思想不断发展,其关于人的哲学尤其是类哲学根植于马克思哲学,消化吸收西方哲学史上的积极成果,后来他更慨然有融通中国传统哲学之志趣,呼吁创建兼有民族性、时代性和人类性的当代中国哲学。在高清海先生日益深邃宏大的思想历程中,确立人的主体地位始终是他关注的核心。从马克思主义价值哲学研究视角看来,为了确立人的价值主体地位,他至少从内在呼应的三个方面进行了深入探索。

第一,从实践思维入手确立人的价值主体地位。

从人类思想史来看,价值的客观主义在很长时间里一直占据主流。即使在今天,许多人仍然信奉贬低人尊严的神秘主义价值观或庸俗唯物主义价值观。在高清海先生看来,其所以如此,根源还在于传统的本体论思维方式。"传统思维方式是忽视价值问题的,即使谈到价值观,也只是强调'客体固有属性',强调价值论要以认识论为基础,它的实质是最后归结为传统的'本体论',通过还原方法把价值问题纳入客体决定论。这种通过认识论统一价值论的方法,意味着客观决定论的思维方式把价值问题单向地统一到客观、客体、本源中去。"③ 在本体论思维主导下,人的主体性尚未觉醒,对于万事万物的价值,乃至人生价值和处世规范,都是从神意、天命或自然法、自然规律的角度去理解,从价值对象在客体化、等级化宇宙中与最高的非人实体之间的距离去理解。譬如《左传·昭公七年》中说:"天有十日,人有十等。下所以事上,上所以共神也。故王臣公,公臣大夫,大夫臣士,士臣皂,皂臣舆,舆臣隶,隶臣僚,僚臣仆,仆臣台。"在

---

① 高清海主编:《马克思主义哲学基础》下册,人民出版社,1987,第65页。
② 高清海主编:《马克思主义哲学基础》下册,人民出版社,1987,第64页。
③ 高清海:《面向未来的马克思》,中央编译出版社,2018,第299页。

这种本体论思维方式下，价值或者以神为本，或者以物为本，人们并不觉得自己是真正的价值主体。

马克思哲学革命的实质，就是以实践观点的思维方式取代本体论思维方式，实现了对传统的唯心论和唯物论的双重超越，牢固确立了属人世界的存在论地位。在实践观点看来，"人的一切活动，都是为了把客观存在的对象改造成为能够满足人的需要的事物。人和物之间的这种需要和满足的对应关系，就是价值关系；在价值关系中，人是创造价值的主体，物是表现价值的客体。从这一意义说，人作为实践主体、认识主体，他必然同时也是价值主体，这三者是完全统一的。"① 在这种以人为主体的视野下，神的本质不过是异化了的人的本质，物的世界也都是人化自然的世界，传统价值观的以神为本或以物为本只是片面地要么以人的唯灵主义的精神生活为本，要么以人的低级趣味的物质生活为本。新的价值观意味着对二者的扬弃，取其精华去其糟粕。苏联模式教科书未能实现这种扬弃，其思维方式与其自以为反对的神本主义、物本主义如出一辙，都是本体论的。在价值观上，其一方面主张生产力决定论，不自觉地滑入以物为本的窠臼；另一方面对斯大林等领导人加以神化，又散发着以神为本的遗毒。笔者认为，高清海先生关于人的哲学的一系列思考，很好地把握了实践思维的精髓，实现了对传统价值观的双重超越和扬弃。

第二，从人的双重生命入手确立人的价值主体地位。

高清海先生主张："我们应该认为人是有着两重生命、双重本质的存在，既有被给予的自然生命、本能生命，又有着自我创生的自为生命、智慧生命；既有物质生命的本质，又有社会文化的本质。前者我们可以称为'种生命''种本质'，后者可以叫作'类生命''类本质'。"② 这种对人的理解可以追溯到马克思那里。在《1844年经济学哲学手稿》一书中，马克思创造性运用并转化了费尔巴哈的种、类概念。尽管费尔巴哈已经指出动物只有遵循必然性的种本质，人则具有自由普遍的类本质，但他的直观思维方式使其不能充分说明二者的实质及相互关系。马克思则从实践观点出发指出："一个种的整体特性、种的类特性就在于生命活动的性质，而自由的有意识的

---

① 高清海主编：《马克思主义哲学基础》下册，人民出版社，1987，第51页。
② 高清海：《人就是"人"》，辽宁人民出版社，2001，第207页。

活动恰恰就是人的类特性。……动物和自己的生命活动是直接同一的。……人则使自己的生命活动本身变成自己意志的和自己意识的对象。……通过实践创造对象世界，改造无机界，人证明自己是有意识的类存在物，就是说是这样一种存在物，它把类看作自己的本质，或者说把自身看作类存在物。"① 这就是说，人和动物共有第一重生命，即遵循自然本能规定的生命。所谓"饮食男女，人之大欲存焉。死亡贫苦，人之大恶存焉"②，主要就是指这第一重生命。如果人类停留于此，只知遵循自然本能去生存，即使"饱食、暖衣，逸居而无教，则近于禽兽"③。但是，经由实践活动，人类经历了第二次诞生，获得了超生命的生命，升华了自然本能，创造了精神和物质文化生活，才有"一箪食，一瓢饮，在陋巷。人不堪其忧，回也不改其乐"④的精神自由，也才有"假舆马者，非利足也，而致千里；假舟楫者，非能水也，而绝江河"⑤的现实自由。高清海先生指出，正是这自我创生的第二重生命，"它超越了种又涵盖了种，属于生命又突破了生命，依托个体又超越了个体，区别于万物又与万物一体，属于有限又获得了永恒性，服从必然又具有自由性，等等，这就是人的类生命或类本性"⑥。

在高清海先生看来，确立人的类生命或类本性，也就是确立人作为价值的主体。"'主体'这一概念的根本的含义，就是指人对自己生命的支配活动说的，人能支配自己的生命活动，然后才有可能去支配活动的对象。自为存在的生命体，就意味着人是自我创造、自我规定的生命存在，这也就是作为主体人所具有的'自由自觉'的性质。"⑦ 在这一思路上，他反思了满足需要论的价值定义，认为有必要澄清其隐性含义。他的意思是，需要既体现人的主体性，又包含着人对外物的依赖性，通常是非选择性的，而人的类本性恰恰在于，他有需要却不完全受其束缚，满足需要之后总会产生更高的追求，这才有所谓价值选择和价值评价的问题。⑧ 这实际上是

---

① 〔德〕马克思：《1844 年经济学哲学手稿》，人民出版社，2000，第 57 页。
② 鲁同群注评：《礼记》，凤凰出版社，2011，第 103 页。
③ 〔宋〕朱熹集注：《四书集注》，岳麓书社，2004，第 290 页。
④ 〔宋〕朱熹集注：《四书集注》，岳麓书社，2004，第 99 页。
⑤ 〔战国〕荀况：《荀子》，上海古籍出版社，1989，第 6 页。
⑥ 高清海：《面向未来的马克思》，中央编译出版社，2018，第 371 页。
⑦ 高清海：《人就是"人"》，辽宁人民出版社，2001，第 208 页。
⑧ 参见高清海：《面向未来的马克思》，中央编译出版社，2018，第 278—279 页。

说,用需要界定人内在的价值尺度必须联系马克思的整个需要理论去阐发,才能显扬人之异于动物的类本质;而一切价值都只有归结到主体价值,即以人的类本质为尺度的价值,才能获得合理定位。就此而言,"所谓价值不过就是人作为人所追求的那个目的物,而这个目的物也就是人的自身本质"①。尤其是个人在实现社会价值时,"个人只有在对他人而言的工具价值中熔铸人的理想,把自身的工具价值作为实现人生理想的手段,他的工具价值才能转化为主体价值"②。笔者认为,高清海先生的这一思想有助于克服当前理论界对马克思主义价值论的形式主义理解和功利主义理解,有助于继承和发扬马克思哲学追求普遍自由个性的精神。

第三,从社会的三种形态入手确立人的价值主体地位。

高清海先生主张超越传统唯物论和唯心论的本体论思维方式,断言人是哲学的奥秘,人之为人在于自由自觉的类本质,并为人的主观性正名,这一切很容易招来唯心论、人本学、存在主义之类的大帽子。然而,立足实践思维方式,消化吸收费尔巴哈人本学、萨特存在主义哲学等思想资源,对于纠正苏联模式教科书的形而上学唯物主义是十分必要的。如果仅从使用的词句去看,马克思也曾多次采用费尔巴哈的表述(如"人是人的最高本质"),只是赋予其历史感和实践基础之后,这些表述都已成为马克思主义哲学的有机组成部分。马克思不是历史虚无主义者,他批评传统的唯物论和唯心论不懂得从实践出发,立足点正是人的现实生活。实践不是一个形而上学的抽象概念,而是内在包含物质和精神的现实生活本身。从实践出发,就是从人的现实生活出发,而在现实生活中,人的精神的超越性和物质的限定性同时存在,但二者都没有绝对到传统的唯心论和唯物论那种程度。反对传统哲学的片面性,既不能否定精神的超越性,又不能否定物质的限定性,只是必须澄清前提划定界限,指明其现实生活根基。

由于论战需要,马克思生前更多强调历史规律和物质的限定性,而较少就人的主观能动性和精神的超越性发表正面见解。因此,萨特认为马克思主义理论中存在人学空场,有必要通过其存在主义哲学去加以补充。必须指出,萨特并不是要推翻马克思的整个哲学,相反,他坦承马克思的哲

① 高清海:《面向未来的马克思》,中央编译出版社,2018,第279页。
② 高清海主编:《马克思主义哲学基础》下册,人民出版社,1987,第66页。

学在我们的时代不可超越。在此一前提下,他对于精神的超越性的阐发是富有洞见的。高清海先生在独立探索的过程中,与萨特的思想发生一定程度的共鸣,考虑到苏联模式教科书的决定论色彩,这与其说是偏激的,毋宁说是敏锐且深刻的。高清海先生较之大学时代未受马克思主义哲学专业训练的萨特,对马克思主义哲学史和马克思主义哲学原理的把握更加系统和全面。海德格尔批评萨特的存在主义哲学缺少历史感,这个问题在高清海先生的类哲学中并不存在。

高清海先生明确指出:"类本性始终处在历史的生成过程。按照马克思的说法,人类的生成发展必须经历三个历史阶段、三种历史形态:(1)'人的依赖关系'形态;(2)'以物的依赖性为基础的人的独立性'形态;(3)建立在个人全面发展基础上的'自由个性'(联合体)形态。这三个发展阶段表现了人的肯定、否定、否定之否定的本性,可以看作人的类本性—主体性的构成环节,即从'族群本位'(主体)经'个体本位'(主体)到'自觉的类本位'(主体)的历史生成过程。"① 早在《马克思主义哲学基础》下册第八章"主体的社会规定性"的第三节"主体的历史发展及其规律"中,开篇就说:"主体既不是从来就有的,也不是一经形成就永恒不变的。主体是在历史上形成的,又是在历史中依据一定规律不断发展着的。"② 可见,高清海先生对人的二重生命的静态结构性阐发,与社会的三种形态的动态历史性说明是相互补充的,前者注重揭示人的主观能动性,后者注重揭示人的客观社会性,这二者共同构成人类实践或现实生活内在的两个面向。人的精神的超越性永远只能在一定的社会关系和物质条件限定下发挥作用,追求历史情境中的自由,而不能无视感性生活一味追求纯粹的精神自由。就此而言,确立人的价值主体地位,与社会形态的文明进步,以及共产主义革命和建设的追求,走的都是同一条道路。只有在消除了剥削和压迫的后阶级社会的自由人联合体中,才能确立真正自由平等的价值主体,使每个人都能担负起相应的权利和责任,从而成为类主体形态的人。笔者认为,高清海先生对人的类本性的历史分析,使其与包括康德哲学在内的一切抽象人性论划清了界限。

---

① 高清海:《面向未来的马克思》,中央编译出版社,2018,第372页。
② 高清海主编:《马克思主义哲学基础》下册,人民出版社,1987,第187页。

三 几点余论

在高清海先生的哲学遗嘱①《中华民族的未来发展需要有自己的哲学理论》中，他语重心长地说："创造'当代中国哲学'，实质就是要创造中华民族的'思想自我'。一个社会和民族要站起来，当然经济上的实力是必要的基础，然而这并不是关键，关键在于首先要从思想上站立起来，一个在思想上不能站立的民族，哪怕它黄金遍地，也不可能真正成为主宰自己命运的主人。"② 他期待出现"一种由中国哲学家探索、创造的主要反映我们自身的境域和问题的'民族性'、'时代性'和'人类性'内在统一的哲学样式。"③ 就民族性而言，它应充分吸收中国传统哲学的理论资源；就时代性而言，它应立足当代中国的现实；就人类性而言，它应广泛吸收世界范围内一切有价值的先进思想。从实现类主体的价值追求来看，我们可以获得如下启示：

第一，学习中国传统哲学，丰富和完善生命本性。

以儒释道为代表的中国传统哲学尽管在民间仍然有着强大的生命力，但在马克思主义哲学界却被许多人定性为落后的封建文化由来已久。按照黑格尔的说法，它们都属于精神与自然合一的实体哲学，其思维方式也都是形而上学的。在这种情况下，力倡实践思维的高清海先生突然宣称"中国传统哲学思想博大精深"④，不免令一些人费解。在笔者看来，这里并没有矛盾。高清海先生曾说："辩证法与形而上学的对立也不是抽象的，二者之间并没有一条不可逾越的鸿沟。相反地，这两种思想不但能够互相转化，而且处于经常地转化之中。全面性本来就是在各个片面的部分的统一联系中构成的，只是它不把这些部分归结为一个个孤立的片面的东西。从这个

---

① 参见孙利天：《创造中华民族自己的哲学理论——高清海先生的哲学遗嘱》，《社会科学战线》2004 年第 6 期。
② 高清海：《中华民族的未来发展需要有自己的哲学理论》，《吉林大学社会科学学报》2004 年第 2 期。
③ 高清海：《中华民族的未来发展需要有自己的哲学理论》，《吉林大学社会科学学报》2004 年第 2 期。
④ 高清海：《找回失去的"哲学自我"：哲学创新的生命本性》，北京师范大学出版社，2004，第 60 页。

意义可以说，辩证法包含了形而上学的那一切命题，但它并不归结为形而上学。"① 同样，我们也可以说，实践思维对形而上学和传统本体论的超越，也是扬弃而非断裂。在实践思维下，形而上学成为属人之学，成为人的精神的超越性的表现方式，正如实证科学成为属人之学，成为人的物质的限定性的表现方式。如果没有具体的属人的形而上学和实证科学，没有特定的精神的超越性和物质的限定性，实践只会沦为一个空虚的抽象名词，无从表现人的现实生活。因此，高清海先生一边倡导实践思维，一边高谈形而上学，只要明确了二者分属不同的理论层次，这是很自然的事情。

在高清海先生看来，中国传统哲学的理论核心不是本体论，而是道论。古希腊的本体论从表象与实在的两分出发，导向生活世界与超感性世界的对立。中国的道论则主张道器一体，"不离日用常行内，直造先天未画前"。对本体的认识有赖理性的认知功能，对道的体悟则要靠心性的悟觉作用。"理性可以看作是'逻辑化的心性'，心性则是'内在化的理性'。……理性作为制度规范，属于对人的'外治'；心性作为自觉规范，属于人自身的'内治'。"② 具体而言，儒家注重穷理尽性，追求人际和谐；道家注重复真保性，追求个性自由；佛家注重明心见性，追求生命的超越和永恒。这三者正好从不同侧面丰富和完善人的生命本性。当然，从以人为主体的实践观点看来，这主要是就人的精神的超越性而言，不可泛化绝对化为哲学教条，走向科学、民主、法治的对立面③，而应将其安立于现实的人的感性生活之内，对其进行创造性转化，剔除其落后于时代的消极因素，发挥其提升人生境界的伦理和审美意义。

第二，发展社会主义市场经济，创造独立自主的人。

重视中国传统哲学，只是为了正视和了解我们的过去，帮助我们解决当代中国人面临的生存和发展难题。这些难题在马克思主义经典中找不到标准答案，更不要说去诸子百家中寻找了。但是，重新认识马克思的哲学革命后，我们掌握了实践观点的思维方式。在这一思维方式下，我们极大

---

① 高清海主编：《马克思主义哲学基础》上册，人民出版社，1985，第 63 页。
② 高清海：《找回失去的"哲学自我"：哲学创新的生命本性》，北京师范大学出版社，2004，第 67 页。
③ 参见李德顺：《国学："热"向何处？》，《江西社会科学》2007 年第 7 期。

加深了对人的本质的历史性和结构性理解，深刻领会到包括我们自己在内的人的本质不是给定的、现成的，而是可以、应该通过不断总结消化古今中外一切人类实践的经验教训来更新、充实其内容。所谓"面对多元化，坚持主体性"①，一切都要从当代中国人的主体性出发。这首先便要认清当代中国人所处的历史阶段，明确我们在需要和能力方面的大根大本。

改革开放以前，我们曾经对资本主义和市场经济采取简单粗暴的批判态度，妄图"跑步进入共产主义"。对此，高清海先生认为："我们今天的现实条件与马克思设想的不同，我们要建设的只是初级阶段的社会主义，在处理社会主义与资本主义的关系问题上更加需要具体地对待，决不能搞抽象对立、抽象否定。"②尤其是资本主义社会中市场经济的发展打破了人与人之间的依赖关系，才使社会形态发展到"以物的依赖性为基础的人的独立性"阶段。市场经济并不就等于资本主义，它固然有负面作用，却是迈向自由人联合体不可避免的环节。"解放个人，创造独立自主的人，推动人们形成自由平等的人格，这才是市场经济不可替代的根本历史作用。"③

可见，与仅从生产力和经济财富视角出发的支持者不同，高清海先生一开始就将市场经济与人的发展联系起来，因而他对经济体制转变过程中出现的人的异化现象十分敏感，并且提出了深具历史眼光的解决思路。他认为过去中国社会臣民观念盛行，公民意识淡薄，归根到底是国家和社会一体化所致。而随着市场经济的发展，市民社会逐渐成熟，国家不能像以前那样全面管控社会，必须"调整自己的机构、职能和方式，走向更加法治化、民主化和福利化、大众化"④。唯其如此，才能移风易俗，培养出具有独立人格的社会主义接班人。社会主义较之资本主义的优越性，也只能通过国家体制更加法治化、民主化、福利化和大众化，社会主体更加自由和全面发展来加以衡量。

第三，立足人类实践，探索建立自由人联合体的现实道路。

高清海先生对实践思维的深刻理解，使得他的视野格外开阔，思想充

---

① 李德顺：《面对多元化，坚持主体性——关于社会主义价值体系及其核心的思考》，《中国政法大学学报》2008年第3期。
② 高清海：《面向未来的马克思》，中央编译出版社，2018，第307页。
③ 高清海：《面向未来的马克思》，中央编译出版社，2018，第308页。
④ 高清海：《面向未来的马克思》，中央编译出版社，2018，第328页。

满历史感和辩证意味。他对于辩证法和形而上学、社会主义和资本主义、当代中国哲学和传统中国哲学等的辩证分析最可见出这一点。他之所以在一些学者只能看到对立的地方深入把握二者的联系,是因为他从整个人类实践出发,而不是从无论来自何处的理论教条出发。

这种实践思维也是邓小平理论和整个中国特色社会主义理论的出发点。在"怎样建设社会主义的自由人联合体""怎样坚持马克思主义"等问题上,邓小平指出:"绝不能要求马克思为解决他去世之后上百年、几百年所产生的问题提供现成答案。……不以新的思想、观点去继承、发展马克思主义,不是真正的马克思主义者。"[1] 在高清海先生看来,"'邓小平理论'中虽然没有专门的哲学理论部分,它所体现的那种脚踏实地、面向未来、不从抽象原则出发、不受书本教条束缚,大胆突破陈规、决不因循守旧、一往直前不断创新的精神,即'解放思想,实事求是'的精神,正是代表了一种与传统思维方式根本不同的现代的哲学世界观。"[2]

高清海先生不仅是这种新世界观的解说者,也是身体力行者。在教学和科研工作中,他展现了一名真正的马克思主义哲学家的大智、大仁和大勇。黑格尔说:"哲学史所昭示给我们的,是一系列的高尚的心灵,是许多理性思维的英雄们的展览,他们凭借理性的力量深入事物、自然和心灵的本质——深入上帝的本质,并且为我们赢得最高的珍宝,理性知识的珍宝。"[3] 高清海先生正是当代中国的理性思维的英雄。

【执行编辑:陈新汉】

---

[1] 《邓小平文选》第3卷,人民出版社,1993,第291—292页。
[2] 高清海:《人就是"人"》,辽宁人民出版社,2001,第251—252页。
[3] 〔德〕黑格尔:《哲学史讲演录》第1卷,贺麟、王太庆译,商务印书馆,1959,第7页。

价值论基础理论研究

Research on Basic Theory of Axiology

如何应对价值相对主义

兰久富[*]

【摘　要】 价值相对主义有三种形态，分别是价值多元主义、价值主观主义和价值虚无主义。其中价值主观主义对旨在为人类文化建立稳定价值基础的价值学构成最大挑战。有三种回应价值主观主义的路向：第一种是在本体论上指明价值的客观实在性；第二种是在认识论上说明价值意识的自明性和有效性；第三种是在评价论上论证价值判断的合理性。在本体论上的实在论解答和在认识论上的观念论解答都未能取得成功，只有基于人的本性的评价论解答才有前途。在主客体关系框架中以人的需要为评价尺度比较适合评价外在事物的手段价值，但不太适合评价人自身的目的价值。而在人利用事物的目的—手段关系中可以依据人的自然目的确定人的两极对立存在状态的好坏，再以这些目的价值为依据合理地评价外在事物对人的好坏。

【关键词】 价值；评价；需要；主体和客体；目的和手段

价值学面临的最大挑战来自价值相对主义。价值相对主义认为一切价值都是相对的，没有可靠的价值判断。如果没有可靠的价值判断，那么对事物的评价是随意的，既可以作这样的评价，也可以作那样的评价，而以

---

[*] 兰久富，北京师范大学价值与文化研究中心研究员，主要研究方向为价值哲学基础理论研究。

价值判断为指导的行动也失去稳定的原则，既可以做这样的事情，也可以做与之相反的事情。价值相对主义对价值学构成的挑战如同怀疑主义对认识论产生的困扰，怀疑主义使常识中清楚明白的知识成了可疑的东西，而价值相对主义使生活中简单有效的价值判断成了说不清的问题。价值学作为一门旨在为人们的审慎行动提供理论指引的实践哲学，必须回应价值相对主义的挑战，寻找并确立由以作出可靠价值判断的合理根据。

一 价值相对主义的三种形态

价值相对主义有三种表现形态：第一种是价值多元主义，夸大不同社会、不同个体之间的价值观念的差异；第二种是价值主观主义，认为价值判断没有客观依据，只表达个人的主观情感；第三种是价值虚无主义，否定一切价值和意义。三种形态的价值相对主义之间存在一些差异，只有具体分析每种价值相对主义的观点和证据，才能有针对性地回应价值相对主义的挑战。

价值相对主义的最简单形态是价值多元主义。价值多元主义有文化价值多元主义和个体价值多元主义之分。文化价值多元主义强调不同文化有不同的价值观念，每一种价值观念在其文化中都有合理性，无法评判不同文化的价值观念的优劣。[①] 个体价值多元主义主张价值评价和价值选择都是个人的事情，每个人都可以有自己的价值观念，而且每个人的价值观念都是合理的，不能以一个人的价值观念否定另一个人的价值观念。[②] 价值相对主义的文化价值多元主义和个体价值多元主义的实质是一样的，都是反对价值一元主义，其中个体价值多元主义比文化价值多元主义更彻底，更极端。

[①] 聂文军："文化相对主义肇始于美国文化人类学家梅尔维尔·赫斯科维茨于1949年发表的《人类及其创造》，他认为，各个民族的文化是在其各自特定的自然环境和文化环境下形成的，文化的价值是相对的，不存在一个能判断不同文化之优劣的普适于一切文化的价值标准，生活于某一文化形态下的社会成员无权评判处于别的文化形态下的社会成员。"（聂文军：《西方伦理相对主义的层次和类型》，《伦理学研究》2008年第2期）。

[②] 价值澄清学派认为价值是个人的事情，每个人的价值观只与自己的生活经验相关，没有适合所有人的价值观。因此反对通过教育给儿童"灌输"社会价值观，主张教育的目的只是帮助儿童澄清他自己的价值观。（参见〔美〕路易斯·拉思斯：《价值与教学》，谭松贤译，浙江教育出版社，2003）

价值多元主义以一种可观察的事实为依据：在现实生活中，人们对事物的评价不完全一致，甚至出现截然对立的情况。例如对于一项社会改革政策，有人认为好，有人认为坏，形成彼此冲突的价值评价。人们在事实认知上也会出现差异，可是只要举出事实作为证据，就能消除差异，达成一致认识。价值评价上的差异则很难消除，特别是涉及人们的切身利益时，对事物价值的看法产生对立几乎是不可避免的。不同的人评价事物的视角不同，从这个人的视角评价事物有价值，而从另一个人的视角评价事物则未必有价值。即使同一个人，在不同的条件下对事物的价值评价也存在差异，在这种条件下评价事物有价值，而在另一种条件下可能评价事物没有价值。考察任何社会都会发现个体之间价值评价不一致的情况，尤其在社会转型时期价值评价的差异和冲突更加明显。比较两种不同的文化则会发现，每种文化都有自己认为正确的价值观念，要在文化之间达成价值共识极为困难。

价值多元主义揭示不同文化、不同个体对事物价值的看法是多样的。因为价值评价具有多样性是客观的事实，在这一点上不能完全驳倒价值多元主义。反驳价值多元主义的一种常见方法是指出其揭示的事实不够全面，人们对事物的评价不完全是对立的，也有相同之处，比如说，不同的人在价值判断上有一些基本的共识，不同时代的价值观念延续某些共同的传统，不同文化的伦理道德在基本原则上总是存在一些相通之处①，等等。以价值评价的共同性和一贯性反驳价值多元主义有一定的效果，但是不能从根本上否定价值多元主义。

价值多元主义除了揭示价值评价的多样性，还主张各个文化、各个个体的价值评价都是合理的，不能以其中一个文化或一个个体的价值评价为绝对标准去衡量其他不同的价值评价。在这一点上价值多元主义与价值一元主义产生直接的对立和冲突。价值一元主义认为，在多种价值评价中只有一种价值评价是正确的和合理的，在多种文化中只有一种文化是先进的

---

① 卢梭："看一看世界上的各民族，并浏览古今的历史：在许多不合乎人情的怪诞的礼拜形式中，在千差万别的风俗和习惯中，你到处都可以发现相同的公正和诚实的观念，到处都可以发现相同的道德原则，到处都可以发现相同的善恶观。"（[法]卢梭：《爱弥儿——论教育》，李平沤译，商务印书馆，2017，第455页）

和优越的。在与价值一元主义的竞争中价值多元主义占据有利地位。价值一元主义需要更多的理由才能成立,而价值多元主义只需指出不同文化和不同个体在价值评价上长期存在分歧这一事实就能使价值一元主义的反驳失去效力。

价值多元主义只是指出价值评价的多样性和相对性,而未探索其多样性和相对性的起因。如果进一步追问价值评价为什么出现分歧,将触及价值评价的根据问题,这样就遇到价值相对主义最深刻的表现形态——价值主观主义。价值主观主义认为人对事物有没有价值的判断是由其情感、欲望、兴趣、观念等决定的。例如,霍布斯说:"任何人的欲望的对象就他本人说来,他都称为善,而憎恶或嫌恶的对象则称为恶;轻视的对象则称为无价值和无足轻重。"① 斯宾诺莎说:"对于任何事物并不是我们追求它、愿望它、寻求它或欲求它,因为我们以为它是好的,而是,正与此相反,我们判定某种东西是好的,因为我们追求它、愿望它、寻求它、欲求它。"② 培里说:"当一件事物(或任何事物)是某种兴趣(任何兴趣)的对象时,这件事物在原初的和一般的意义上便具有价值,或是有价值的。或者说,是兴趣对象的任何东西事实上都是有价值的。"③ 因为情感、欲望、兴趣、观念等因素都是主观的,所以依据这些因素对事物价值所作的评价也是主观的。把价值评价的根据归结为人的情感、欲望等主观因素,再以此为依据主张价值评价是主观的、相对的,这比起价值多元主义仅从价值评价多样性现象主张价值评价的相对性更为深刻,更具挑战性。

在价值主观主义者看来,谈论事物的价值如同谈论食物的味道是否可口一样,全凭个人的喜好,不能说谁的判断正确或谁的判断错误。罗素说:"如果两个人在价值问题上意见不一,那么他们不是对任何一种真理有不同的看法,而是一种口味的不同。假如一个人说:'牡蛎好吃',而另一个人却说:'我认为牡蛎不好吃',我们知道这是没有什么好争的……既然解决关于价值的分歧的方法甚至是不可想象的,我们就不得不得出下述结论:这

---

① 〔英〕霍布斯:《利维坦》,黎思复、黎廷弼译,商务印书馆,1985,第37页。
② 〔荷兰〕斯宾诺莎:《伦理学》,贺麟译,商务印书馆,1983,第107页。
③ 〔美〕培里:《兴趣价值说》,见刘继选编:《价值和评价——现代英美价值论集粹》,中国人民大学出版社,1989,第44页。

是口味的分歧，而不是关于任何客观真理的分歧。"① 也就是说，每个人的价值评价都是合理的，不同的价值评价之间没有优劣之分，不能以某一个人的评价否定其他人的评价。

价值主观主义除了直接否定价值的客观存在和拒绝价值评价的理性原则，还通过命题分析把价值判断排除在有意义的命题之外。按照逻辑实证主义的标准，一个命题只有当它是分析命题或者是可用经验证实的命题时才可能是真的，才是有意义的。因为价值判断（伦理命题）不描述事实，不能用经验证实或证否，同时又不是在逻辑上可以保证为真的分析命题，所以没有真假，没有认知意义。在逻辑实证主义内部对价值判断的内容有两种看法，一种看法认为价值命题表达喜欢或厌恶的情感②，另一种看法认为价值命题表达祈使或命令③。前一种观点被称作价值情感主义，后一种观点被称作价值规定主义。不论把价值判断的内容看作是表达情感还是表达命令，都否认价值判断有客观的事实内容。按照认识论的一般观念，如果价值判断没有客观的事实内容，没有真假的区别，那么它们只能是主观的和相对的。

价值相对主义的极端形态是价值虚无主义。价值虚无主义否定一切价值，认为对一个事物既可以说它好，也可以说它坏，对一种行动既不能说它善，也不能说它恶，事物的好坏和行动的善恶都没有确定的标准。它以彻底的相对主义消解好与坏、善与恶的界限，从而否定对事物和行动作价值判断的可能性。④ 价值多元主义、价值主观主义和价值虚无主义都主张价值的相对性而否定价值的绝对性，在这个倾向上走得最远的是价值虚无主

---

① 〔英〕罗素：《宗教与科学》，徐奕春、林国夫译，商务印书馆，2011，第141页。
② 艾耶尔提出："只表达道德判断的句子是没有说出任何东西的。它们纯粹是情感的表达，并且因此就不归入真与假的范畴之下。表达道德判断的句子是不可证实的，其理由与一声痛苦的叫喊或一个命令之不可证实相同——因为这些句子不表达真正的命题。"（〔英〕艾耶尔：《语言、真理与逻辑》，尹大贻译，上海译文出版社，2006，第89页）
③ 卡尔纳普说："一个规范或规则都具有一种命令句的形式，例如'不要杀人！'和它相当的价值判断就会是：'杀人是罪恶的'。……一个价值判断实在说来不过是在迷误人的文法形式中的一项命令而已。"（〔德〕卡尔纳普：《哲学和逻辑句法》，傅季重译，上海人民出版社，1962，第10页）
④ 列奥·施特劳斯这样描绘现代性危机使人陷入价值虚无主义的状况："现代西方人再也不知道想要什么——再也不相信自己能够知道什么是好的，什么是坏的；什么是对的，什么是错的。"（〔德〕列奥·施特劳斯：《现代性的三次浪潮》，见刘小枫编：《苏格拉底问题与现代性》，彭磊、丁耘等译，华夏出版社，2008，第32页）

义。价值多元主义只是主张不同的文化有不同的价值观念，不同的个体有不同的价值评价，但并不否定各个文化的价值观念和各个个体的价值评价。价值主观主义虽然强调价值评价有主观性和相对性，但是仍然肯定每个人都应该按照自己的喜好、愿望、习惯等评价事物，并追求自己认为有价值的事物。价值虚无主义则认为好和坏、善和恶都没有差别，对事物作价值评价是没有意义的。

价值虚无主义否定事物价值的理论前提是，事物本身的存在是虚幻的、易变的。由于事物的存在并不确定，事物的价值也就无从谈起。道家理论和佛教思想包含的价值虚无主义与其"无"和"空"的世界观相关联。庄子提出事物的存在都是相对的，无法分辨事物的此与彼，是与非，"彼亦一是非，此亦一是非"，因而无法评价事物的好坏。佛教认为事物的存在都是短暂的，人生也是无常的，所以不应该执着于对好坏和善恶的区分。尼采所指出的西方基督教文化中的价值虚无主义的根源在于对现实世界及其价值的否定。柏拉图的理论把理念世界看作是真实的，而把经验世界看作是虚假的，经验世界的价值依托于理念世界的善。与此形而上学思想一脉相承的基督教思想把天国生活看作是永恒的，而把尘世生活看作是短暂而临时的，尘世生活的价值必须由天国的上帝来保障。当超验的理念受到质疑、主宰尘世的上帝受到否定时，经验世界的事物和尘世的生活就失去了价值源泉，从而导致价值虚无主义。[①] 价值虚无主义不仅否定外在事物的价值，最终也会否定人自身的价值，即否定人的存在的意义。价值虚无主义在实践上是有害的，人一旦接受这种否定一切价值的观念，就会消极地对待自己的生活，甚至会忽视自己的生命和尊严。

[①] 海德格尔："尼采用'虚无主义'这个名称来命名一种由他本人最先认识到的历史运动，一种已经完全支配了先前各个世纪、并且将规定未来世纪的历史运动；对于这种历史运动，尼采用一句简洁的话做了最本质的解释：'上帝死了。'这句话的意思是说：'基督教的上帝'已经丧失了它对于存在者和对于人类规定性的支配权力。同时，这个'基督教上帝'还是一个主导观念，代表着一般'超感性领域'以及对它的各种不同解说，代表着种种'理想'和'规范'、'原理'和'法则'、'目标'和'价值'，它们被建立在存在者'之上'，旨在'赋予'存在者整体一个目的、一种秩序，简而言之，'赋予'存在者整体一种'意义'。虚无主义是那种历史性过程，在其中，占据统治地位的'超感性领域'失效了，变得空无所有，以至于存在者本身丧失了价值和意义。"（〔德〕海德格尔：《尼采》，孙周兴译，商务印书馆，2015，第718—719页）

价值学如果要为人审慎选择行动目的提供理论基础，就必须回应价值相对主义提出的挑战。在价值相对主义的三种形态中，价值多元主义对价值学不构成真正的威胁。价值学要研究各种价值现象，价值评价的相对性就是其中一种较为典型的现象。价值学的任务不是消除价值评价的相对性，而是从理论上说明和解释这种现象。价值评价既有相对性的一面，也有绝对性的一面，价值学对于这两个方面予以同样的重视，既要说明价值的相对性也要说明价值的绝对性。价值学对于价值多元主义的批评只有一点，那就是夸大价值评价相对性的一面，犯了以偏概全的错误。受到价值多元主义威胁的其实是价值一元主义。价值一元主义只承认一种价值评价而否定其他价值评价，价值多元主义却主张同样的事物从不同人的视角可以作不同的评价，对于价值一元主义来说是不可容忍的。价值学并不站在一元主义的立场上，不否认价值评价有文化的和个体的相对性，不把回应价值多元主义作为主要的任务，相反还要探讨根据具体情境对事物作出不同评价的合理性。

价值相对主义的极端形态即价值虚无主义完全否定事物的价值，对价值学而言有致命的危害，因为当一切价值都被消解之后，价值学也就失去了研究的对象。然而，价值虚无主义在社会文化中并不那么流行，对人们生活的实际影响也非常有限。真正接受价值虚无主义的人毕竟很少，而以价值虚无主义主导文化的社会则几乎不会存在。在理论上回应价值虚无主义并不简单，这涉及哲学、宗教、道德等许多方面的理论。不过，给予价值虚无主义最有力回应的是人们的现实生活。在现实生活中人要生存就必须依赖外在事物，人要获得外在事物就必须行动，这一切都直接告诉人们事物是有价值的，行动是有意义的。价值学要重视价值虚无主义的威胁，但不必把克服价值虚无主义作为主要任务。只要回应其他形态的价值相对主义，即找到确定事物价值的客观根据，那么也就间接回应了价值虚无主义的挑战。价值虚无主义比起其他形态的价值相对主义只是更极端而已，本质则是一样的。

价值学要集中精力应对的是价值主观主义这种形态的价值相对主义。价值主观主义提出了一系列否定价值客观主义的理论依据，对价值学以理性思维方式研究价值问题提出了最严峻的挑战。如果价值评价完全是主观的，没有任何客观根据和客观内容，那么无法合理地提出哪怕是最简单的一个价值命题。如果无法区分价值判断的对错，无法确证价值评价的合理性，那么价值学除了指出价值评价的主观性、相对性等特征之外，再也没有其他事可做了。以主观主义形态出现的价值相对主义是价值学必须面对的挑战，只有对这种形态的价值相对主义给予有力的回应才能使价值评价、价值选择、价值规范等具有必要性和合理性。回应价值主观主义最有效的方式是找到最终支持价值评价的可靠根据，只要做到这一点就能维护价值客观主义的立场，化解价值主观主义给价值学带来的危机。

二 价值客观主义作出的回应

站在价值主观主义对立面的是价值客观主义，价值客观主义主张价值是客观的，价值判断是确定的、可靠的。价值客观主义有两种类型，一种是本体论的价值客观主义，另一种是认识论的价值客观主义。前者在本体论层次上指明价值的实在性，后者则是在认识论层次上从意识内部解答关于价值的意识何以不是主观的。这两种价值客观主义对价值的理解有重大的差异，但在肯定价值是客观的这一点上是一致的，从各自的立场对价值相对主义作出了回应。

本体论上的价值客观主义认为，价值是实在的东西，以特定形式存在于某个世界中。价值实体说是这一理论的典型代表。柏拉图提出善是一种理念（或译作"型"），是一切理念中最高的理念。善的理念与其他事物的理念一样，存在于超越现象世界的理念世界中。善作为理念是实在的实体，能够永恒存在，而现象世界的具体存在物不过是理念的影子，不能够永恒存在。善作为理念世界的实体是超验的，人们不能够用感官感觉它，而只能用思想的能力思考它，但是人们一旦认识善的理念，就能理解和判断具体的善的事物。"善的型乃是可知世界中最后看到的东西，也是最难看到的东西，一旦善的型被我们看见了，它一定会向我们指出下述结论：它确实就是一切正义的、美好的事物的原因，它在可见世界中产生了光，是光的创造者，而它本身在可知世界里就是真理和理性的真正源泉，凡是能在私人生活或公共生活中合乎理性地行事的人，一定看见过善的型。"[1]

---

[1] 〔古希腊〕柏拉图：《柏拉图全集》第 2 卷，王晓朝译，人民出版社，2003，第 514 页。

哈特曼继承了柏拉图的"善是理念"的思想，提出"价值在其存在方式上就是柏拉图式的理念"，"倘若用现在的概念表达就是：价值即本质"①。按照他对本质的理解，一般本质不仅独立于具体事物而存在，而且是具体事物之所以存在的根据。与此相同，价值既独立于有价值的事物而存在，又是有价值的事物之所以有价值的根据。"价值不仅独立于那些有价值的事物（善者），而且事实上还是其先决条件。事物以及在更宽泛意义上的各种实体和每种联系，正是凭借价值而具有'善者'的特征。也就是说，事物正是凭借价值而成为有价值的东西。"② 价值与有价值的事物是本质与现象的关系，价值决定有价值的事物，而有价值的事物表现价值。虽然离开有价值的事物不能认识价值，但价值仍然独立于有价值的事物而存在。因此，"与这些善相比，价值就是一种独立实存的东西"③。

柏拉图的价值实体说和哈特曼的价值本质说肯定价值是实在的，但同时又指出价值的存在不同于现象世界的感性存在物的存在。如果作为实体或本质的价值确实是存在的，那么以此为根据就能可靠地判断具有实体或表现本质的具体事物的价值。然而，对于具体事物之上的理念或本质是否存在不同的看法，实在论肯定理念或本质是存在的，而唯名论则认为事物的理念和本质不过是一个名称，是思维抽象的产物。按照现代流行的经验主义的标准来衡量，超验的存在物不可能用经验证实（当然也不能证否），所以不能承认它是客观存在的东西。如此一来，以价值是客观存在的实体或本质为依据论证价值判断的可靠性就不具有说服力。

在主张价值客观存在的理论中，价值性质说占据重要的地位。价值性质说认为价值是事物的性质，不论这种性质是自然性质还是非自然性质，都是客观的。刘易斯持价值自然主义的看法，他说："'价值'这个词如同'颜色'或'形状'这个词一样，是用以表称事物显现的性质的范畴。"④ 价值作为事

---

① 〔德〕哈特曼：《伦理学》，见冯平主编：《现代西方价值哲学经典·先验主义路向》，北京师范大学出版社，2009，第700—701页。
② 〔德〕哈特曼：《伦理学》，见冯平主编：《现代西方价值哲学经典·先验主义路向》，北京师范大学出版社，2009，第701页。
③ 〔德〕哈特曼：《伦理学》，见冯平主编：《现代西方价值哲学经典·先验主义路向》，北京师范大学出版社，2009，第704页。
④ 〔美〕刘易斯：《价值和事实》，见李国山编：《刘易斯文选》，李国山、方刚等译，社会科学文献出版社，2007，第310页。

物的性质在人的经验中显现出来，不过这种性质与其他性质的显现方式有所不同，其他性质在视觉、触觉等经验中显现，而价值则是显现在愉快和痛苦的经验中。当某一事物引起人的愉快或痛苦的经验时，这个事物就显现出价值性质。那么，价值是不是事物本身固有的客观性质？刘易斯的回答是肯定的。他认为，经验中显现的性质都是客观的，事物使人产生愉快或痛苦的感觉，就表明事物具有价值性质。然而，愉快和痛苦是一种复杂的心理体验，其产生既受事物性质的影响，也受人自身因素的影响，根据愉快和痛苦的感觉并不能断定事物有"价值"这种性质。实际上引起人愉快和痛苦的是事物的其他性质，如味道、颜色、质地等，而且这些性质也不是在任何情况下都能引起同样的愉快或痛苦的体验，它们能不能引起愉快和痛苦的体验以及能够引起什么程度的愉快和痛苦的体验，还要看人的身体和心理的具体状况。因为对事物有没有价值的经验受人自身因素的影响，所以不是事物固有的性质。

摩尔提出善性不是事物的自然性质，是另外一种极为特殊的性质。事物由自然性质构成，善性却不是事物的一部分。"我们能想象'善'不仅作为某一自然对象的一个性质，而且凭它本身而在时间内实存吗？依我看来，我不能这样想象它；而对于各客体的较大多数的性质——我称为自然的性质之性质——来说，它们的实存，在我看来是不以这些客体的实存为转移的。事实上，与其说它们是属于该客体的纯粹属性，不如说它们是构成该客体的各部分。如果把它们去除，就不会剩下任何客体，甚至一个赤裸裸的实质也不会剩下来；因为它们本身就是实质的，并且赋予客体所具有的全部本质。然而'善'却不是这样的。"[①] 既然善性不构成事物，也不能独立实存，那么它是否存在呢？摩尔的回答是，善性是客观存在的，因为无论什么时候人想到"内在价值"，或者说一事物"应当实存"，就有"善"意味着的独一无二的对象（事物独一无二的性质）在他的心思之前。[②] 罗斯继承摩尔关于善的主要观点，认为"善"这个词指向的是"一种寓居于对象本身内的性质（独立于主体对对象的任何反应之外）。"[③] 他们一方面肯定

---

① 〔英〕摩尔：《伦理学原理》，长河译，上海人民出版社，2003，第57页。
② 〔英〕摩尔：《伦理学原理》，长河译，上海人民出版社，2003，第27页。
③ 〔英〕罗斯：《正当与善》，林南译，上海译文出版社，2008，第150页。

善是客观存在的，另一方面又认为这种性质无法由经验把握，只有借助直觉能力才能确认其存在。超出经验认识能力的善性与超验的价值实体在本质上是一样的，都是心灵活动的产物，无法确认其客观性。

为人所利用的事物有各种性质，但唯独没有价值这种性质。事物的好坏、有用、重要等性质都是人凭借观念赋予事物的"性质"。马克思指出事物的"有用性"的根源是，人们在实践中认识到某些物品能满足自己的需要，于是就把这些物品叫作"财物"或者别的什么，用来表明，他们在实际地利用这些物品，这些物品对他们有用。"他们赋予物以有用的性质，好像这种有用性是物本身所固有的，虽然羊未必想得到，它的'有用'性之一，是可作人的食物。"① 单从事物本身来看，事物并没有"有用性"这种性质，只有从使用者的角度来看，事物才具有满足需要的有用性。因此，所谓的"有用性"不过是使用者对那些能满足自己需要的事物的一种看法，就像神秘性是人们对自己不理解的现象所持的观念一样。

由于不能在事物上确认价值这种性质，价值的客观性受到质疑。培里对主张善的客观性质的观点提出批评："坚持这种善的观点的人必须准备好指向一种独特的独立性质，这种独立特性出现于我们的诸价值项粗略地指出的那一区域之内，而且不同于对象的形状和大小，不同于其诸部分的内在关系，不同于它与其他对象（或某个主体）的关系；也不同于所有其他属于同一背景、但却由'善'之外的别的词表示的因素。对于一个人来说，现在的作者还没有找到任何这样的残余物。"② 休谟断然否认善恶是行为的性质，他说："它就在你心中，而不在对象之内。"③ 事物的善恶与人的心灵活动相关，如果没有人对事物的评价就没有事物的善性或恶性。善性本来就不是事物本身的性质，试图证实这种性质的任何努力都注定会失败。既然价值或善不是事物本身固有的性质，那么就无法用它保证价值判断的确定性和可靠性。

国内价值关系说坚持价值客观主义的立场，但对价值的理解既有别于

---

① 《马克思恩格斯全集》第19卷，人民出版社，1963，第406页。
② 〔美〕培里：《一般价值论》，转引自罗斯：《正当与善》，林南译，上海译文出版社，2008，第147页。
③ 〔英〕休谟：《人性论》，关文运译，商务印书馆，1980，第509页。

把价值当作超验实体的实体说，也不同于把价值视为事物固有性质的性质说。价值关系说把价值界定为主客体之间的一种关系。李连科最早提出价值是主客体关系的观点，他说："所谓价值，就是客体与主体需要之间的一种特定（肯定与否定）的关系"①。李德顺进一步发展这一观点，把"客体满足主体需要"扩展为"客体符合主体尺度"，提出"所谓价值，就是指客体的存在、属性及其变化同主体的尺度是否相一致或相接近"②。关于价值究竟是主客体关系本身还是主客体关系的质态，或是客体对主体的作用、有用性，或是客体作用于主体产生的效应，主张价值关系说的学者们之间也有一些分歧，但一致认为价值是一个关系范畴，离开主客体关系就不能把握和界定价值概念。袁贵仁的表述具有一定的代表性，"在主客体的相互作用之中，存在着一种主体按其需要对客体的属性、功能进行选择和利用的关系，或客体的属性、功能对主体的需要、目的的满足、实现的关系。……价值是什么？这里，我们的回答是：主客体之间的一种关系"③。

当人利用外在的事物满足自己的某种需要时，在人与事物之间形成特定的主客体关系，就像需要得到满足是事实一样，相应的主客体关系也是客观的或者说是实在的。把价值概念界定为客体满足主体需要或客体符合主体尺度的关系，比起把价值界定实体或性质更优越，作为实体和性质的价值并不存在，而主客体之间的关系则是客观存在的，可以用经验主义的方法加以观察和描述。但是问题在于，用客体满足主体需要的关系界定价值，无非是给这种主客体关系起了一个名字，即"价值"。按照同样的方法也可以把事物对人的作用、效应等称为"价值"，并声明这就是我们所要使用的价值概念。以这种方式界定价值概念其实是对"价值"一词的定义——规定含义，就像自然科学和社会科学中提出新的名词并给出定义一样。在以客体满足主体需要来规定价值概念的含义时，会遇到这样的质疑，为什么事物（客体）满足人（一般认为只有人是主体）的需要的关系被称为价值，而满足其他动物的需要的关系不被称作价值？如果满足其他动物的需要的关系也被称为价值，那么一个物体改变另一个物体的状态是否也

---

① 李连科：《世界的意义——价值论》，人民出版社，1985，第55页。
② 李德顺：《价值论》（第2版），中国人民大学出版社，2007，第27页。
③ 袁贵仁：《价值学引论》，北京师范大学出版社，1991，第41页。

可以称为价值,如此等等。把事物满足人的需要的关系作为评价事物的依据是可行的,但是把这种关系直接规定为价值则是值得商榷的。以对价值的规定作为价值判断的依据,这样的依据不能排除主观性,并不能保证价值判断是确定的和可靠的。

本体论上的价值客观主义在存在论思维方式引导下寻找客观的价值,认为价值判断如果是可靠的,那么价值必定是客观的,而如果价值是客观的,那么必定存在于真实的世界中。存在论的思维方式对于思考事实是适用的,但对于思考价值却是不适用的。"价值"一词在日常语言中的主要用法是评价事物,谈论某个事物有价值,不是描述事物上附着着价值,而只是评价这个事物有用、好坏或重要。由于一种思维上的习惯,使人误以为"价值"这个词对应着客观存在的事物。维特根斯坦在谈论"意义是什么"的问题时指出,"我们在这里涉及哲学混乱的重要根源之一:一个名词促使我们去寻找一个与它相对应的事物"①。"价值是什么"的问题就是这种思考方式的产物,把"价值"作为名词使用,并去寻找这个词对应的事物。如果认清"价值"是一个评价用语,而评价用语有含义却没有指称,那么就不会去寻找客观存在的价值,也不会为不能解答"价值是什么"的问题而争论了。本体论上的价值客观主义寻找客观存在的价值的努力是徒劳的,以这种解答方式回应价值主观主义的尝试最终是失败的。

认识论上的价值客观主义也反对价值主观主义,肯定价值判断不是任意的,不过这种理论并不认为价值是实在的东西,也不设想价值存在于意识之外某个世界或某个事物中,因而与本体论上的价值客观主义有很大的不同。"客观"一词有不同含义,在本体论(实在论)语境中是"实在"的意思,而在认识论(观念论)语境中则是"有效"或"自明"的意思。当某一命题或观念必然正确和合理时,这一命题和观念就是有效的或是自明的。因为这样的命题和观念不是主观任意的,甚至可以视之为独立于特定心灵而成立,所以也可以称之为客观的。

新康德主义价值学在"有效性"的含义上理解价值的客观性。洛采最早把"价值"作为重要的基本概念来使用,认为价值作为应然的目的存在,

---

① 《维特根斯坦全集》第6卷,涂纪亮译,河北教育出版社,2003,第3页。

并且提出在知识的三种形态中包括"我们的良心对于所有价值规定的绝对标准的承认"①。洛采还最先区分存在物的真实性和命题的有效性，解决了以观念论方式在意识内部何以谈论真理的难题。有效性观念后来被李凯尔特作为其价值理论理解价值客观性的基本观念。李凯尔特明确提出："价值绝不是现实，既不是物理的现实，也不是心理的现实。价值的实质在于它的有效性，而不在于它的实际的事实性。"② 新康德主义价值学一方面否认价值具有实在性和现实性，另一方面又肯定心灵关于价值的认识和判断是确定的、绝对的，即具有有效性，并基于对实在的事实和有效的价值的区别，划分事实的世界和价值的世界，仿照存在论方式把价值置于独立的世界中。洛采把世界划分为事实、普遍规律和价值三大领域，文德尔班把世界区分为事实世界与价值世界，李凯尔特则把价值定位于在主体和客体之间形成的一个独立王国中，他们都给价值指定了一块专属的领地。③

现象学的价值理论把价值作为直观呈现的现象来研究，也是在否定价值的客观实在性的同时，要确立价值在意识中的客观性和确定性。布伦塔诺提出，根据爱和恨的情感可以把握善和恶，爱所意向的是善，而恨所意向的是恶。不过爱和恨有正确和不正确之分，只有正确的爱和恨才能正确指向善和恶。依据爱和恨的情感作出的善恶判断是自明的，同时也是可靠的。对于善恶的比较性判断则是依据偏爱得到确证。舍勒继承布伦塔诺的思想，建立起系统的情感现象学价值理论。舍勒肯定有独立于有价值事物（善业）的先天价值，"存在着真正的和真实的价值质性，它们展示出一个具有特殊关系和联系的特有对象区域，并且作为价值质性就已经可以例如是更高的和更低的"④。价值这种质性的存在不同于有价值事物的存在，它只在爱和恨的情感和感受活动中被给予。"一切价值先天（也包括伦常先天）的真正所在地是那种在感受活动、偏好，最终是在爱与恨中建构起来的价值认识或价值直观，以及对价值关系、它们的'较高''较低'的关系

---

① 转引自周凡：《论洛采的有效性概念》，《山东社会科学》，2019年第9期；参见〔美〕乔治·皮尔森：《洛采的价值概念》，田立鹏译，《当代中国价值观研究》，2017年第5期。
② 〔德〕李凯尔特：《文化科学和自然科学》，涂纪亮译，商务印书馆，1986，第78页。
③ 参见涂纪亮：《新康德主义的价值哲学》，《云南大学学报》2009年第2期。
④ 〔德〕舍勒：《伦理学中的形式主义与质料的价值伦理学》，倪梁康译，生活·读书·新知三联书店，2004，第15页。

的认识或直观，或者说，'伦常认识'。"① 舍勒还依据爱和恨的偏好揭示出所谓"先天的价值等级秩序"："高贵与粗俗的价值是一个比适意与不适意的价值更高的价值序列；精神的价值是一个比生命价值更高的价值序列；神圣的价值是一个比精神价值更高的价值序列。"② 对事物的爱和恨必须遵循先天的价值等级秩序，一旦违背这个先天秩序就会发生错误，导致价值的颠覆和情感的欺罔。

认识论上的价值客观主义在认识内部为价值意识寻找绝对可靠的、不可否认的根据，这个根据通常是自明的原则或直观感受的情感。凭借这样的根据可以说明某些价值判断的合理性，比如真、善、美的价值以及快乐、痛苦的价值等，但是抛开感性的世界和生活经验并不能说明所有的价值现象。而且心灵确立的价值根据与欲望、情感等主观的根据相距不远，无法完全避免主观性的影响，因而不能彻底消除价值相对主义的隐忧。

三 基于人的本性的评价论解答

除了在本体论上确证价值的客观性和在认识论上鉴明价值判断的有效性之外，还可以在评价论上论证价值判断的合理性。在评价论上论证价值判断的合理性，不以价值的客观存在为必要条件，也不以价值判断的自明性为根本标准，只要能够找到充足的理由就可以证明价值判断是合理的和可接受的。

价值判断有评价形式价值判断和规范形式价值判断，在功利论的意义上，评价形式价值判断占据基础地位，规范形式的价值判断可以从评价形式的价值判断中推理出来，所以首先要论证的是评价形式的价值判断的合理性。

人们提出的评价形式价值判断都是从人的视角对事物的评价，也就是以人为尺度作出的评价。论证关于事物相对于人的价值的判断，必须深入

---

① 〔德〕舍勒：《伦理学中的形式主义与质料的价值伦理学》，倪梁康译，生活·读书·新知三联书店，2004，第 82 页。
② 〔德〕舍勒：《伦理学中的形式主义与质料的价值伦理学》，倪梁康译，生活·读书·新知三联书店，2004，第 133—134 页。

了解人的本性，只有在人的本性中才能找到"某事物对人有价值"的判断的充足理由，使之成为合理的价值判断。抛开人的本性和存在状况，单从事物方面不能确定事物对人有没有价值以及有多大的价值。当然，因为人的存在状况各不相同，从不同人的视角可以对事物作不同的评价，而且这些不同的价值判断都可能是合理的。但是，当不同的人都从某一个人的视角评价事物时，如果作出的价值判断都是合理的，那么必定是一致的。

国内的价值关系说不仅在本体论层次上回应价值主观主义，还在评价论层次上论证价值判断的合理性。当它界定价值是主客体之间客观存在的一种关系时，是在本体论层次上回应价值主观主义，而以满足需要为标准衡量事物的价值时，则是为确立合理的价值判断提供基于人的本性的根据。这两种回应价值相对主义的方式看似统一实则是独立的，在本体论层次上确定价值客观存在时，对事物价值的判断就是描述客体满足主体需要的关系，这里只有事实认知，没有价值评价；在以人的需要为标准衡量事物有没有价值时，则是作出一种评价，即使得出同一种结论，实质上也是有区别的。对客体满足主体需要的关系的描述是真的还是假的，由事实来判定；而以人的需要为尺度对事物有没有价值的评价是合理的还是不合理的，受评价标准的影响，而评价标准是否合理是可以进一步追问的问题。

人的需要是人的本性，以是否满足需要来评价事物有没有价值是可行的，以此来论证价值判断的合理性也是有效的。但前提是区分需要与欲望，只能以客观的需要为评价标准，而不能以主观的欲望为判断事物有没有价值的尺度。国内价值关系说的满足需要论特别强调需要是指实际的需求，不是主观的想要。因为需要是人的实际需求，所以是客观的，不同于欲望有主观性和任意性。以客观的需要为尺度可以对事物的价值作出可靠的评价，这样的评价可以作为相关价值判断的合理依据。满足需要论在评价论层次上对价值主观主义的回应更对路，可以有效地对抗以欲望为尺度的包含应然指向的主观效用论（经济学、管理学、政治学中的主观效用论是描述性的，不具有应然指向，它只是指出人们是根据主观的满足感选择商品和行动这一客观事实）。

"需要"是一个涵盖力非常强的词语，它用来指人对所利用和所维护的任何事物的需求。在用需要为尺度评价事物时，如果不对需要加以区分，这个涵盖力强的优点会变成过于笼统的缺点。"需要"本来指对外在事物的需求，比如人对空气的需要、人对食物的需要等，但在实际使用中并不受此限制，还用来指对人自身事物的需求，比如人对健康的需要、人对快乐的需要等，甚至还包含人对人自身存在的需要。仅从"满足需要"这一笼统的表述不能区分是满足对自身事物的需要还是满足对外在事物的需要。满足对人自身事物的需要和满足对外在事物的需要是有很大区别的，如果不加以区分而将二者视为同样的满足需要，就不能区分外在事物对人的价值和人自身事物的价值。

在以是否满足需要衡量事物的价值时，隐含对事物的一种看法：事物都是用来满足需要的手段。这样评价事物只看到手段价值，而看不到目的价值。在评价中会遇到两类事物：一类是在人之外作为手段使用的事物，如空气、食物、住房等；另一类是在人自身作为目的维护的事物，如生命、健康、快乐等。以满足需要为尺度适合评价作为手段为人所使用的外在事物的价值，但不太适合评价利用其他事物所维护的人自身事物的价值。例如，生命的价值不是作为手段的价值，而是作为目的的价值，按照满足需要的尺度无法衡量生命的价值。价值学不仅要为手段价值提供评价尺度，还要为目的价值提供评价根据。而且，在价值理论中争论最多的不是手段价值，而是目的价值，寻找目的价值的评价根据更有意义。人的需要作为价值根据只能评价外在事物的手段价值，而不能评价人自身事物的目的价值，表明这种价值根据缺乏普遍适用性。

在价值关系说的理论体系中，主客体关系论是其外壳，满足需要论是其内核。在主客体关系论的框架中，任何事物都是作为与主体相对立的客体而有价值的，具有的价值是用于满足人的需要的手段价值。对于人自身事物的价值，即使通过人既为主体又为客体的解释将其纳入关系说的评价范围，也不能从中评价出有别于手段价值的目的价值。价值关系说的理论框架限制了评价价值的理论视野，本来完整的价值序列由人自身的目的价值和外在事物的手段价值构成，但只有手段价值出现在视野中，目的价值被遮蔽在视野之外。坚持价值关系说的研究者们不承认目的价值，认为人的目的就是满足需要，而满足需要就是价值，谈论价值的价值没有意义。主客体关系论对于研究手段价值而言是一种有效的理论框架，然而对于研究目的价值来说它是一个应该予以突破的限制。

如果既研究外在事物对人的价值又研究人自身的价值，那么"目的—手段"关系才是合适的框架。当人利用事物维持自身存在状态时，人是目的，事物是手段，此时人与事物的关系是目的—手段关系。把人利用事物的关系把握为目的—手段关系，丝毫不改变人与事物之间的实际联系，只是指明了人在这种关系中作为目的的地位。把人利用事物的关系把握为"主体—客体"关系是简单地移植了实践论的框架，而将它把握为目的—手段关系才是真正属于价值学的框架。人在主体—客体关系中处于改造者的地位，在目的—手段关系中则处于利用者的地位。把人利用事物的关系视为主体—客体关系并不算错，因为人在利用事物时改变了事物，使之变成与原来的事物不同的事物，但是无法显示人在其中的目的地位，从而也无法看到人自身的目的价值。在主体—客体关系中看人，注重人的能力，而在目的—手段关系中看人，更容易看到人利用外在事物所要维持的存在状态。把主体—客体关系转换为目的—手段关系，不仅可以看到事物对人的手段价值，也能看到人自身的目的价值。

在此有必要对目的做一些说明，以便更准确地理解目的—手段关系以及目的价值。人的目的包括自然的目的和自觉的目的，自觉的目的是人有意识地追求的目标，自然的目的是人的生存活动无意识地实现的结果。[①] 例如，人想吃美食以获得口腹的享乐，口腹的享乐是自觉的目的；人本能地呼吸空气以维持生命状态，维持生命状态是自然的目的。人的自觉的目的建立在自然的目的的基础上，因此自觉的目的和自然的目的在大多情况下是统一的，人想要达到的目标正是人为了生存努力实现的结果。但是人的自觉的目的还受情感、欲望等主观因素的影响，有可能提出与自然的目的不一致的目标。自觉的目的具有一定的主观性，而自然的目的具有不受主观因素影响的客观性。较之于自觉的目的，自然的目的更为稳定，人不论是在有意识状态下还是在无意识状态下都要求实现这个目的。只有以自然

---

① 摩尔主张区别两种不同意义的"目的"，一种是在所欲求的东西的意义上的"目的"，另一种是在值得欲求的东西的意义上的"目的"。前者就是自觉的目的，而后者比较接近于自然的目的。（参见〔英〕摩尔：《伦理学原理》，长河译，上海人民出版社，2003，第95—96页）

目的为根据评价事物才是确定和可靠的，才能对价值主观主义做出有效的回应。

人的自然目的是维持肯定自身存在的状态而避免否定自身存在的状态，根据自然目的可以对人的两极对立存在状态作出好坏的评价。人作为一个存在物总是处于一定的存在状态，比如身体处于存活或死亡、健康或疾病、快乐或痛苦的状态。每一种存在状态都有对立的两个极端，存活与死亡、健康与疾病、快乐与痛苦是两极对立的状态。人的存在状态除了身体的状态还有心灵的状态和社会存在的状态，对于这些存在状态也可以用经验观察的方法加以确定。人具有这样的本性，自然地追求维持和促进存在的状态而避免阻碍和终止存在的状态，由此表现出人的自然目的和自然选择。例如在身体的两极存在状态之间，自然地追求存活、健康、快乐的状态，而避免死亡、疾病、痛苦的状态。以人追求某一极存在状态而避免另一极存在状态的自然目的和自然选择为依据，有充足的理由评价人的两极存在状态的好坏——人自然追求的那一极存在状态是好的，而自然避免的另一极存在状态则是坏的。例如，存活是好的，死亡是坏的；健康是好的，疾病是坏的；快乐是好的，痛苦是坏的；等等。这样就确定了人自身的目的价值。

通过分析人的内在目的和自然选择确定人自身的目的价值，是解决"评价何以成立"这个核心问题的可行途径。人的自然目的或自然选择基于人的本性，不受情感、欲望、意志、观念等主观因素的影响。如果人的情感和欲望与人的自然目的产生矛盾，那么应该改变的不是自然目的，而是主观的情感和欲望。如果人的自觉选择与人的自然选择产生冲突，那么发生错误的不是由人的本性规定的自然选择，而是人依据主观理由作出的自觉选择。不能以主观的情感、欲望、意志、观念等衡量人的自然目的和自然选择，相反要根据人的自然目的和自然选择衡量情感、欲望、意志和观念。与人的自然目的和自然选择相一致的情感、欲望、意志、观念是恰当的，应该予以肯定，相违背的情感、欲望、意志、观念则是不恰当的，应该予以否定。人的本性中的自然目的和自然选择比心理和意识中的情感、欲望、意志、观念等更深刻，也比需要更根本，是最可靠、最稳定的价值根据。

确定了人自身的目的价值之后就可以以此为前提评价外在事物的手段价值。在目的和手段之间是手段为目的服务，而在目的价值与手段价值之间则是目的价值为手段价值提供前提和根据。手段本身没有好坏的区别，只有有效与无效的区分。有效的手段用于实现好的目的是好的，用于实现坏的目的是坏的。根据人的目的价值以及人与事物构成的目的—手段关系，可以合理地判断事物对人的手段价值的好坏性质。在人周围有许多与人相关的事物，对于用于维护人的存活、健康、快乐等好的存在状态的事物可以评价为好，而对于导致人的死亡、疾病、痛苦等坏的存在状态的事物要评价为坏。有些事物直接地对人产生作用，可根据它所引起的人的存在状态的好坏评价其好坏，而更多事物间接地对人产生影响，可以通过目的—手段关系的链条为评价这些事物传递理由，最终也是依据人的存在状态的好坏评价其好坏。这样作出的价值判断都有充足的理由，都是合理的。

尽管价值本身并不存在，既不在实在论的意义上存在，也不在观念论的意义上存在，但是只要能够对事物作出有坚实依据的合理评价，就能回应和反驳价值主观主义以及更极端的价值虚无主义。

【执行编辑：陈新汉】

评价论研究

Research on Evaluation Theory

个体评价视阈中的"面子"

吴 奇

【摘　要】"面子"对于中国人来说非常的熟悉，在我们的日常生活中一刻也难以离开，但是我们却又很难将它说清楚，人们"讲面子""爱面子"，但又似乎很隐晦，不喜欢他人说自己是一个过于"爱面子"的人，这就体现出"面子"作为一种特别的社会文化现象，有着复杂性的一面。"面子"中蕴含着人的尊严，体现出对个体人生社会价值的肯定或否定评价；"爱面子""有面子""失面子"等会影响到个体对自我评价活动的展开，尤其是"死要面子"阻碍个体自我批判活动。"面子"在个体对外评价活动中，体现出个体对其他主体"面子"需求得到满足的关注度，主要表现形式是"给面子"或"不给面子"。

【关键词】"面子"；个体自我评价活动；个体对外评价活动

一　"面子"中体现的人生价值

面子是我们身体的一部分，但是因为"面子"在人身体位置中的重要性，在社会文化中人们将其与人的尊严相联系起来，更为重要的是，"面

---

* 本文系"上海高校青年教师培养资助计划"（ZZXDSISU19007）资助项目。
** 吴奇，上海外国语大学贤达经济人文学院助教，主要研究方向为评价论。

子"中有着对个体人生价值的评价。

(一) "面子"的字面含义

面子也叫脸面,英文中叫 face,在汉语词典中脸指"头的前部,从额到下巴",脸面指"情面"举例:"亏你还有脸面上我家来! / 看在我的面子,别怪他了"①;面子则指"体面:爱面子、要面子、丢面子/情面:看我情面,饶他这一次吧!"②。在古代汉语中,脸有"面颊。晏殊《破阵子·春景》:'笑从双脸生'""整个面部"和"面子,体面。曹雪芹《红楼梦》四十四回:'鸳鸯笑道:"真个的,我们是没脸面的了"'"③ 三层含义,而面字既有表示外表、表面、方位、当面等意思,也指"脸面。白居易《琵琶行》:'千呼万唤始出来,犹抱琵琶半遮面'"④,通过古代和现代汉字中的脸和面子的词意解释来看,在中国的文化中,面子的含义是十分丰富的。

相比之下在英语中,face 有"FRONT OF HEAD 头的正面、EXPRESSION 表情、FACED 面容、SIDE/SURFACE 面;表面、FRONT OF CLOCK 钟面、CHARACTER/ASPECT 特征;方面"的意思,但同时也有"have the face to do sth 居然有脸面干某事;恬不知耻做某事、lose face 丢脸;失面子、face sb down(威风凛凛地)把某人压制下去、face up to sth 敢于面对,勇于正视(困难或不快之事)"⑤ 等用法。从"面子"的含义变化中,体现出面子由一种描述人们脸部的名词,发展成为带有各种价值意蕴的文化现象。

(二) "面子" 中蕴含着人的尊严

从"面子"的字面解释中,我们可以看到,中西方语言对面子的解释,有两个共同点:一方面都指人的面部,是人身体的组成部分;另一方面,引申为人的尊严等内在的精神含义。在中国有句俗语:"人活一张脸,树活一张皮",可见脸即面子对于人的重要性。例如:"女为悦己者容",即一个女

---

① 莫衡,李知文:《新编学生汉语字典》,金盾出版社,1999,第 548 页。
② 莫衡,李知文:《新编学生汉语字典》,金盾出版社,1999,第 616 页。
③ 杨希义:《古汉语常用字字典》,西安出版社,2003,第 318 页。
④ 杨希义:《古汉语常用字字典》,西安出版社,2003,第 346 页。
⑤ A S Hornby:《牛津高阶英汉双解词典(第六版·缩印本)》,商务印书馆,2004,第 609 页。

子装扮自己，让自己的面容看起来更加美丽，是为了特定喜欢的人；"三军可夺帅也，匹夫不可夺其志也"即是体现了一个人的志向、尊严，是不可以被剥夺的。尊严对于人的重要性，在人们日常生活中是与人的自尊、自信、自爱、自强密切相关的。一个有尊严的人，才能够认识到人的生命区别于动物的独特价值之处，才能够充分认识到人的价值和主观能动性。

对面子以上两种解释，中西社会文化的认识是一致的。然而，在中国社会文化中，"面子"还具有更多的含义，这些都是西方人所不能理解的或很难理解的。美国传教士史密斯（Authur H. Smith）在其所著的《中国人的素质》（*Chinese Characteristics*，1984）中论述中国人所讲的面子时，说道"在人类社会中，把'面子'作为中国人的一种'素质'，看起来实在是荒谬透顶。但是在中国，'面子'这个词不仅仅指人的脸部，词义表面上它是一个群体复合名词，其意义比我们所能描述的要多得多，可能比我们所能理解的还要多"[1]。对"面子"文化的深刻分析，必须要从其对个体发生作用的内在关联中加以把握，其中最为关键的是个体人生价值的评价活动。

（三）"面子"中对人生社会价值的评价

"面子"中的尊严需要通过一定的形式加以转化才能够发生作用，因为个体的尊严从深层次来看，与人生的价值紧密相连，人生价值不仅包括自己对自身价值的认可——自我评价活动，还包括社会对自己价值的认可——社会对"我"的评价活动，人生价值的实现需要达到自我与社会价值的统一。

"人生价值就是一个人的人生或人生的所作所为对于作为主体的个体自身需要满足的现实效应和对于作为主体的社会需要满足的现实效应。在这个规定中，客体是同一个人的人生或人生的所作所为，但主体有两个，一个是个体自身，另一个是社会。人生价值就是相对于这两个主体而言的价值，这就是人生的自我价值和人生的社会价值。人生价值就是人生的自我价值和人生的社会价值的统一。"[2] 人生的自我价值是对以自身为主体的人生价值——自我评价活动，相对而言主要在于自身的主观判断，只要自己

---

[1] 〔美〕亚瑟·史密斯:《中国人的素质》,梁根顺译,太白文艺出版社,2007,第7页。
[2] 陈新汉:《论人生价值》,《山东社会科学》2010年第11期。

对自己人生的所作所为满意,就可以自我实现人生价值了,是一种对自我的肯定评价;人生的社会价值则是以社会为主体的——社会对"我"的评价活动,所以必须通过社会对作为个人的人生或人生的所作所为进行评价,才能够确定人生的价值,是一种社会对"我"的肯定评价。依据主体满足自身需要的标准,那么其直接体现的则是自我价值的重要性,即在自我的评价活动中突出个体自身主体的价值;但是,正如马克思所说社会性是人的本质属性,所以社会价值对于人生价值的实现同样重要,是人生价值的本质追求,社会对"我"的评价活动更多的考虑到对社会主体的价值。因此,这二者对于个体和社会的发展来说同样重要。一方面,只有每一个体的生存和全面发展得到保障,社会才能够得以存在和发展;另一方面,只有社会的存在和发展才能够保障每一个人的生存和全面发展。所以,作为一对矛盾,它们是在对立中达到统一的。"面子"作为个体人生价值的实现方式,是需要从个体评价活动与社会评价活动之间的关系中产生的。

对此,从评价人生价值的角度来分析,"爱面子"是中国人对这一矛盾充分认识之后而采用的,是将二者合二为一的方式。但是,"面子"作为人生价值的实现方式,主要是受到中国传统文化中儒家思想的影响,如:要求人们要以"礼"行事,凡事以是否合乎礼为标准,而"礼"作为一种社会规范,也即为一种规范的社会评价,以及儒家要求"入世""先天下之忧而忧,后天下之乐而乐",把社会的公共性与个人紧密地联系在一起,突出强调人在社会中的责任问题,等等,这些都是强调人生的社会价值。通过这一途径,个人将会因此而获得社会的认可,随之而来的便是人们的敬重——这便是"爱面子"的深层价值观,即个体人生的自我价值只有通过社会价值的实现才能够实现。

二 "面子"对个体自我评价活动的作用

人们通过"爱面子"的行为,可以促使人们更加专注对自我的评价活动。当人们感到自己"有面子"时,容易促使个体对自己形成肯定性的评价。反之,当个体感到自己"失面子"时,容易促使个体对自己形成否定性的评价。当个体"死要面子"时,容易阻碍个体对自我的批判活动,从而影响到对自身的科学评价,容易造成俗语中"死要面子,活受罪"状况的出现。

(一)"爱面子"对自我评价活动的积极意义

"动物只是按照它所属的那个种的尺度和需要来构造,而人却懂得按照任何一个种的尺度来进行生产,并且懂得处处都把固有的尺度运用于对象;因此,人也按照美的规律来构造"①,人具备按照"任何一种尺度来进行生产"的能力,但是对于这些"尺度"并不是自动地被个体所掌握,需要个体在具体的生活中进行学习。因为,"人的本质不是单个人所固有的抽象物,在其现实性上,它是一切社会关系的总和"②,所以个体只有在"一切社会关系"中才能够把握到自身的本质,作为"一切社会关系"应当包括一切具体的社会关系,即包含着具体的直接与感性活动相关的内容,但是更加应该是在感性活动形成的社会关系之上的,一切抽象的理性价值关系总和,正如现代西方哲学家舍勒指出:"对价值的认识比所有一切纯理论上的理解都更为在先,更为根本。"③ 个体需要在具体的感性活动中去感知自身的存在,但是无法获知自身在社会关系中的位置,只有在社会的价值关系中才能够找到自身在社会中的参照标准,通过这些参照标准——社会的价值准则,来确定自我的人生价值标准,就像人们在一辆高速运行的列车中,需要借助外面风景的移动才能够知道自己的位置在移动一样。

社会价值体系的形式、内容与具体的标准是多元的、多样的,就像是不同的"尺度"为个体的自我评价提供外在标准,对于个体来说,需要在这些不同的价值体系中去对不同的"尺度"进行学习。国家的权威机构所制定出的完整政治制度、社会文化制度、法律制度、经济制度、军事制度等,是个体获得社会价值体系中不同"尺度"最为重要的方面,通过这些"尺度"形成的权威评价活动,会对个体确定自己的政治身份、社会地位、社会职责等产生重要作用,从而建立一个内向的评价体系,使得外在的

---

① 《马克思恩格斯选集》第1卷,人民出版社,2012,第57页。
② 《马克思恩格斯选集》第1卷,人民出版社,2012,第135页。
③ 〔德〕施太格缪勒:《当代哲学主流》,商务印书馆,1986,第145页。

"尺度"融入为内在的"尺度",在这一转化过程中,实现了将个体与国家的融合,个体与国家的相互认同产生且不断深化。社会群体通过社会舆论、社会谣言、民谣、社会思潮等形式形成的民众评价活动,同样会影响到个体的自我评价活动,只是在具体的作用机制、特征、地位等与权威评价有所差异。

这种转化过程,就是通过个体自我评价活动来实现的,"评价表明在主客体之间一定的价值关系中,客体是否能够或已经使主体的需要和愿望得到满足,客体是否适合主体的需要并使主体意识到这种适合"[①],在个体自我评价活动中,如何更好地让作为评价主体的个体,意识到作为评价客体的主体对于满足自身需要之间的价值关系,是激发个体自我评价活动的一把钥匙。对于个体自我评价活动而言,个体的人生价值问题是个体评价活动中最为重要的内容,这关涉到哲学的一个永恒话题:人生的意义问题,人生的意义就是活着,活着的最大动力就是自己能够证明自己的人生是有价值的,最终必须要自己对自己的人生价值作出评价,才能够真正改变作为评价主体的"我"对作为评价客体的"我"的价值评价。但是,这并不是说自我评价活动可以离开他人以及背后的社会关系,"面子"中蕴含的尊严对个体的自我评价活动具有极其重要的作用,会影响到对自身的肯定或否定评价;而在"面子"背后隐藏的对个体人生价值的评价内容,则更为直接地影响到个体的自我评价活动。所以,个体"爱面子"的行为会激发个体主动进行自我评价,"爱面子"表面看是主体对他人对自身评价的关注和偏好,但是实质上这种关注和偏好,会转化成一种自我评价的动力,"面子"作为一种价值尺度一旦被个体评价活动的主体所掌握,个体会将这一"尺度"运用到对自身及对外的评价活动中,而之所以会运用到对外的评价活动中,根本上也是因为这一"尺度"影响到了自我评价活动,将其内化为个体对自身的价值尺度。

(二)"有面子"与"失面子"中的肯定与否定评价

个体在建立内向的自我评价体系过程中,离不开社会价值体系,但是

---

① 李德顺:《价值论》(第3版),中国人民大学出版社,2013,第169页。

必须要经过一个"由外向内"的转换过程，这一过程需要有两个基本环节："其一，主体选择评价标准"；"其二，主体整合价值信息"。①"面子"作为一种价值尺度，对个体自我评价活动的过程产生影响，必须要通过对这两个环节发生作用。因为"在自我评价活动中，主体总是从主体需要出发来评价作为客体的主体对于主体所具有的意义。但需要不等于对需要的意识。主体需要必须上升为主体意识到了的需要即利益，才能作为主体在自我评价活动中的标准"②。所以，在第一个环节中，"面子"对个体评价活动发生作用，关键在于两点："面子"本身或其附带品要满足主体的需要，同时主体要能够自觉地意识到这种需要。只有意识到这种需要的存在，才能够被主体用来作为评价自我的标准，而只有其本身是有着满足主体需要的价值，才能够被主体意识到。

在第二个环节中，"主体选择评价标准的实质就是选择由何种主体需要与客体属性之间的价值关系作为反映对象。评价活动就是把经过选择的价值关系反映到主体意识中来，以形成价值观念，这对于对外评价活动来说是如此，对于自我评价活动来说也是如此"③。个体对于价值信息的整合中，把满足主体需求的客体属性作为有价值的依据，这实际是一个对自身主体存在确证的过程，因为主体需求的得到满足是其自身存在的先决条件，否则主体无法存在。西方近代哲学的重要开启者笛卡儿，有一句名言"我思故我在"，实际上也是在向中世纪的宗教，寻找人的存在条件——人的思想自由——人的自由，因为只有"正在思考的我"这件事情本身是不能够被否定的，所以才能够证明"我"的存在是不能够被否定的，也就是说人的存在与否是由构成人的要素来决定的，而不是由宗教产生的，人对自身主体性的认知逐渐展现出来。这一思想之所以能够作为西方近代哲学的一个重要开端，正是在于提供了一条重要价值信息：肯定了人的主体性价值。因此，对主体的肯定或否定评价，是主体需求的重要内容，个体评价活动的主体需要，通过不断地对自身进行肯定性评价，以证明个体主体存在的价值。但是，"价值关系的复杂性往往会在作为主体的意识中形成多重价值意

---

① 陈新汉：《自我评价论》，上海人民出版社，2011，第84页。
② 陈新汉：《自我评价论》，上海人民出版社，2011，第84页。
③ 陈新汉：《自我评价论》，上海人民出版社，2011，第84页。

识。于是，主体仍需要在多重价值意识中进行选择，从而赋予作为客体的主体属性以肯定性或否定性的意义，以及肯定或否定意义的程度，形成对自我的评价"①。

这多重价值意识中包括个体对自我的肯定评价与否定评价，但是个体对自我的评价必须要由一个客观的存在所决定，而不能由自我的主观臆想创造出来，"面子"就是一种客观的存在，虽然会受到自我的影响，但是其更多的仍然是外在环境的一种产物。个体"爱面子"的原因，是"有面子"中包含着外部对自身的肯定评价，而"失面子"则体现出一种外部对自我的否定评价。这种肯定与否定评价之所以能够对个体产生重要影响，正是在于前面讨论到的：一方面，会直接让个体感受到，自己在一定的群体中的尊严是否得到维护；另一方面，这种肯定评价实际反映了一种外部世界（社会或社会中的人）对个体人生的社会价值进行肯定评价；否定评价反映着对个体人生的社会价值进行否定评价。因为人本质上不是抽象化的人，而是社会性的人，所以对个体人生的社会价值进行肯定或否定，一定会影响到对个体的自我价值进行评价，甚至在极端情况下会产生决定性的作用，如一些特殊的自杀案例，就是由于个体长期受到社会价值进行否定，进而导致个体对人生的自我价值进行长期否定，最后导致人生存在的意义完全消失，当然这只是一些非常极端的条件下产生的极端案例，不具备普遍性。但是，对个体人生价值的肯定或否定具有的积极意义与消极意义却是普遍存在的。例如，自信往往与"有面子"中肯定性评价的长期体验有密切关系，自卑往往与"失面子"中否定性评价的长期体验有密切关系，自强则容易产生于"有面子"与"失面子"中肯定与否定评价的交替作用。

（三）"死要面子"阻碍个体自我批判活动

"面子"虽然可以反映出外部环境给予个体社会价值的肯定或否定评价，从而通过个体自我评价活动，转化成个体对人生自我价值的评价。但是，这并不代表"面子"中反映的肯定或否定评价，真的符合个体的实际情况。造成这一"虚假性"的原因，主要有两个方面：一方面，外部评价主

---

① 陈新汉：《自我评价论》，上海人民出版社，2011，第85页。

体由于主观或客观的原因,造成其对个体进行评价(如何"给面子")的过程中,出现了脱离个体的实际情况,从而干扰受到"面子"影响的个体进行自我评价,尤其是自我批判活动,即对由此产生的对自我的错误认识的批判;另一方面,从内部原因分析来看,由于个体对自我的评价出现偏离自身实际的情况,导致个体对"面子"中所包含的信息,进行有偏向性的选取,从而造成实际对个体的评价作用出现偏差,其本身就是缺乏个体自我批判活动的表现。"死要面子"就属于这两个方面的结合,所谓"死要面子"就是不顾一切的也要获得"面子"中对个体自身的"肯定评价",而主观的忽略、忽视、逃避"否定评价",或者在客观上无法对肯定与否定评价的正确性进行判断识别。因此,个体就会因为选择错误的评价标准,而造成自己人生价值的实现阻碍,这种阻碍的破除,必须要通过个体的自我批判活动,即对个体选取的错误评价标准进行批判并不断改进,而"死要面子"的行为则恰恰会阻碍个体对自身进行批判,因为这种批判意味着对自我人生价值的否定,这是其无法接受和努力阻止的。

"没有任何一种外在力量'能够强制处于健康而清醒状态的'一个主体放弃自己所选择的评价标准。"① 所以,关键在于如何才能够保证个体处于健康而清醒的状态,而这就离不开自我评价活动,尤其是自我批判活动。自我评价活动与自我批判活动是有着差别的,一方面,"在批判活动中,主体尽管也赋予客体及其属性以肯定性的意义,但主要把握没有满足主体需要的主客体之间的价值关系,因而主要地赋予客体及其属性以否定性的意义。在批判活动中,客体对于主体而言显示出来的首先是自己的否定价值,因而必然使作为客体的现实黯然失色"②;另一方面,个体通过自我批判活动,可以展开对自我的反思,主体"要把所赋予的否定意义本身作为内容"③。所以,个体的自我批判活动,会因为对自我的否定性评价,而给个体带来一定的"失面子"感,这也造成个体在主观上缺乏自我批判的动力需求。个体可以"好面子",但是不可以"死要面子",不能够简单通过"面子"中体现出的肯定或否定评价,就作为对自身进行评价的全部标准,

---

① 陈新汉:《自我评价论》,上海人民出版社,2011,第 84 页。
② 陈新汉:《自我评价论》,上海人民出版社,2011,第 433 页。
③ 陈新汉:《自我评价论》,上海人民出版社,2011,第 433 页。

这样会造成对自我评价的扭曲，阻碍个体正确地认识和评价自己，也会阻碍个体正确地处理好个体与外部环境之间的关系。因为，个体对人生自我价值与社会价值评价的错误，会直接地反映在个体的实践活动中。个体可以通过自我批判活动，进行个体对人生价值错误评价的反思与纠正，从而减少"好面子"对自身带来的消极影响。

三 "面子"在个体对外评价活动中的作用

"主体的本质属性为对外评价活动所深刻把握，主体的一些属性固然能通过自我认知活动把握，但主体的本质属性即主体的本质力量就不能在主体内为自我认知活动深刻把握"[①]，个体只有在对外评价活动中，才能够更好地进行自我评价。"面子"在其中不仅通过个体自我评价活动，对个体产生影响，还通过个体对外评价活动发生作用。因为"面子"对个体发生作用，主要是通过"面子"中对个体人生社会价值的评价，以及进而对人生自我价值评价的影响，最终对个体自我评价活动产生作用。当每一个体都是如此的时候，"面子"文化就会产生，在这种文化下，个体需要考虑他人对"面子"的需求，就会出现"给面子"的文化，从而产生一种"情理文化"，"情理"背后有着传统文化中"絜矩之道"的作用。但是，这并不意味着只有"给面子"才是合乎情理的，个体也会通过"不给面子"来表现出自身主体价值需求的特殊性，即体现出不同社会主体的价值多元性。

（一）"给面子"中的"情理"文化

"面子"在人生价值的实现过程中，主要是通过人与人之间的互动来完成的，假如"面子"脱离了社会，个人作为主体不与其他人发生关系，那么"面子"只能是作为一种纯粹的生物特征而存在，从而最多也只能是自我欣赏之用。所以，互动便是"面子"存在及形成的主要方式。美国传教士史密斯在其对中国人面子的研究中，认为要理解中国人的面子，就要了解戏剧的因素，"中国人作为一个种族，有一种强烈的戏剧表演本能。戏剧

---

① 陈新汉：《评价论导论》，上海社会科学院出版社，1995，第293页。

几乎可以说是唯一的全国性娱乐,中国人对戏剧的狂热,如同英国人之于体育,西班牙人之于斗牛。只要些许心血来潮,任何一个中国人就会以为自己是戏剧中的一个人物。他把自己放进戏剧场景情节之中,就像戏中人一样行礼、下跪、俯身、叩头"[1]。先不管其作的比喻正确与否,通过"戏剧"的比喻我们可以发现,互动对于面子形成的重要性。当然,这一比喻只是从表面现象的认识而得出的,还不能够反映出面子的深层次功能,没有提出这种互动的动力来源。

"面子"的社会交换功能是这种动力来源的一个解释,"在中国传统社会,脸面是一种十分独特而广泛的社会资源。因此,在日常互动中人们之间进行脸面的交换十分常见的。这种交换是互动双方人情关系的一种体现,情面就是人情式的面子"[2]。由此,"面子"本身便成了一种价值,成为人实现其人生价值的一种交换资源。一个人拥有的"面子"越大,代表其占有的社会资源就越多,越能够容易成功,也就越能够体现其人生价值。从表面看起来,这一交换功能似乎可以解释动力来源的问题,但是似乎缺少了对于"面子"中"情理"的解释。因为,在中国人的传统社会中,虽然有很多地方体现了这种交换的功能,但是在人们心中的情感部分,可能会不大认可这一纯粹价值交换模式,因为那将意味着"面子"只是人们理性的体现,而事实上它包含了很多感性的内容,或者可以称作"义"。"当人情中含有了理和义的成分后,人情中特殊性和普遍性结合出来的原则就是《礼记·曲礼》中所说:'太上贵德,其次务施报。礼尚往来:往而不来,非礼也;来而不往,亦非礼也。'"[3] "在中国人所讲的人情中,固然有利益交换这个方面的含义,但报恩却是另一个更为重要而根本方面,或者说,由后者的实现才能达成前者的实现。"[4] 因此,中国传统社会是一个"情理"社会,而"面子"则是这种情理的直接表现方式,个体人生价值也是在对这种情与理的把握中实现的。

---

[1] 〔美〕亚瑟·史密斯:《中国人的素质》,梁根顺译,太白文艺出版社,2007,第7页。
[2] 姜彩芬:《面子文化产生根源及社会功能》,《广西社会科学》2009年第3期。
[3] 翟学伟:《人情、面子与权力的再生产——情理社会中的社会交换方式》,《社会学研究》2004年第5期。
[4] 翟学伟:《人情、面子与权力的再生产——情理社会中的社会交换方式》,《社会学研究》2004年第5期。

这种情与理的把握，是受儒家"内圣外王"思想的影响，通过以"修身"的方式，从内在自觉地体会到"理"，即人与人之间相互需要的关系，并且将这种相互需要的关系超越出一般的利益交换关系。从而将这种超越的"理"，以人与人之间"情"的方式表达出来。因此，"面子"既不是西方社会中的利益交换关系，也不是纯粹感性的体现，而是超越前者并以感性方式表现出来的一种表象。其本质上是将个人的自我价值与社会价值的实现融合为一，是一种情与理相结合的文化。

（二）"面子"文化中的"絜矩之道"

个体对外评价活动受到"面子"中情理文化的影响，后者来源于长久的历史中慢慢形成的，其中就有着"絜矩之道"的影响。所谓"絜：度量；矩：法度"，在《四书》之首的《大学》第十章中，提到"上老老而民兴孝；上长长而民兴弟；上恤孤而民不倍，是以君子有絜矩之道也。所恶于上，毋以使下；所恶于下，毋以事上；所恶于前，毋以先后；所恶于后，毋以从前；所恶于右，毋以交于左；所恶于左，毋以交于右：此之谓絜矩之道"[1]。在这里可以看到，絜矩之道有两个方面的意思，一方面是通过自己的身先实践，来影响到他人的自愿、自觉的效仿行为，而不是依靠强迫命令式的方法；另一方面，就是别人施加给自己的使自己感到不悦的事情，自己也不要以同样的方式加给别人。在"面子"的文化中具体表现为，自己想要获得他人的认可和尊重，即希望他人维护自己的"面子"，就要先维护他人的"面子"；他人损害了自己的"面子"，自己也不要以此方式去损害其他人的"面子"。

"面子"在个体评价活动中，除了对自己人生价值的评价产生影响，还可以借此对他人进行评价，尤其是通过对他人人生价值的肯定性评价，来实现一种良好的社会关系；当他人对自己的人生价值进行否定评价时，也不要因此而否定他人的人生价值，从而以此一种"推己及人"的方式实现自己人生的自我价值与社会价值的相统一。《论语·雍也》中"己欲立而立人，己欲达而达于人"[2]和《论语·颜渊》中"己所不欲，勿

---

[1] 朱熹集注：《四书集注》，岳麓书社，2004，第12—13页。
[2] 朱熹集注：《四书集注》，岳麓书社，2004，第104页。

施于人"①，皆是影响"面子"文化的历史体现。"面子"在儒家"絜矩之道"的影响下，将个人自我价值与社会价值的实现统一起来，是个体展开对外评价活动的重要内在文化推动力。

（三）"不给面子"体现出个体评价的多元性

个体评价主体的多元，容易造成主体价值需求的差异，满足这些差异需求的条件在一定社会历史条件下往往是有限的，主体价值多元的冲突性也就容易产生，通过个体对外评价中的"不给面子"体现出来。

"价值的实质，是客体的存在、属性及其变化同主体的尺度和需要相一致，相符合或接近"②，价值因主体而异，价值本身的特点直接同主体的特点相联系，价值的特性表现或反映着主体的内容，而主体的个性差别则是广泛的，最根本的是受到社会生产力的影响及相应生产关系的影响，也与个人的生活环境等各因素相关，而且这些差异还体现在每一具体的对象关系中。一方面，同一主体对于不同事物或同一事物的不同方面会产生不同的需要和尺度；另一方面，不同主体之间即使是对于同一事物的同一方面也可能会产生不同的需要和尺度，这两种不同就产生了价值的多样性。而价值的多元性，是指在后一种情况下，即不同主体之间的价值尺度的需要的差异，价值的多元性，是指在一定范围的社会生活中，现实主体的存在是多元的，"这里'元'的含义，是指最终的根据、基础和标准"③。

因而"承认每一具体价值的个体性或独特性，就必然进一步承认社会总体上的价值多元性"④，因为每一个具体对象关系中的主体不同，以主体为尺度的价值观自然不同。基于主体及价值观的差异，容易造成不同主体之间"不给面子"，但是还要尽可能地保证"不给面子"情形下，一种社会整体的和谐。具体而言，当面临价值多元产生的具体价值选择差异时，孔子认为"君子和而不同，小人同而不和"⑤，《中庸》中也说"故君子和而

---

① 朱熹集注：《四书集注》，岳麓书社，2004，第151页。
② 肖前主编：《马克思主义哲学原理》，中国人民大学出版社，1994，第658页。
③ 李德顺：《生活中的"多元"与"一元"》，《长白学刊》2006年第5期。
④ 李德顺：《价值论》（第2版），中国人民大学出版社，2007，第106页。
⑤ 朱熹集注：《四书集注》，岳麓书社，2004，第167页。

不流，强哉矫！"① "和而不同"与"和而不流"，这二者是密不可分的，都要求要保证和谐，"推己及人"并不是主张每个人评价标准要完全一致，实际上"不同"与"不流"都强调了评价标准的多元。但是，这也并不是毫无限制的，而一味地强调"和"。《论语·里仁》载"唯仁者能好人，能恶人"②，孔子认为只有仁者才能够站在一个客观公正的立场，不带任何偏见地去看待各方。对此，《大学》中有更为详细的解释："唯仁人放流之，迸诸四海，不与同中国。此谓唯仁人为能爱人，能恶人。见贤而不能举，举而不能先，命也；见不善而不能退，退而不能远，过也。好人之所恶，恶人之所好，是谓拂人之性，灾必逮夫身。"③ 一方面，对于贤能的人，即能够对社会带来发展，为人们带来正能量的人，能够体会到人们肯定是欢迎的，所以"仁者"就要优先重用，也会获得更多的"面子"；另一方面，对于给社会带来负能量，产生破坏作用的"恶人"，能够及时地进行罢免和驱逐，就可以"不给面子了"。

在个体评价视阈中的"面子"，主要是与人的尊严相关，关涉到个体对人生价值评价的形成过程，在个体对自我评价的改变中，以及在个体对外评价的改变中，实现"面子"对个体的影响。在个体评价视阈中，"爱面子"表面上看，是对自我尊严的重视，是对自我人生价值评价的重视；在"爱面子"的背后，实质上体现出中国社会中人与人之间关系的基本准则——推己及人的评价标准，这有利于人与人之间建立相互信任与合作的关系。但是，在社会评价视阈中，当"爱面子"不仅仅作为个体评价活动的内容时，尤其是在个体与社会评价活动相互作用的关系中，可能会带来社会评价活动被特殊个体评价活动干扰，从而打乱社会评价活动的正常秩序，破坏社会评价活动的正常机制，使得社会评价活动的一般评价标准被随意打乱，对社会的发展造成消极影响。对于这一点，我们应该要加以特别的关注。

【执行编辑：刘　冰】

---

① 朱熹集注：《四书集注》，岳麓书社，2004，第25页。
② 朱熹集注：《四书集注》，岳麓书社，2004，第78页。
③ 朱熹集注：《四书集注》，岳麓书社，2004，第15页。

社会主义核心价值观念研究

Research on Socialist Core Values

深化凝练社会主义核心价值观[*]

顾钰民　金莉黎[**]

【摘　要】 深入研究社会主义核心价值观是一项长期的任务，党的十八大以来，学术界对社会主义核心价值观的研究不断深入，取得了丰富成果，但对社会主义核心价值观本身还需要进一步深化再凝练。按照习近平总书记关于把社会主义核心价值观落细、落小、落实的基本要求，以简明精炼、言简意赅、易记易传的原则进一步凝练社会主义核心价值观，在"三个倡导"的基础上把凝练社会主义核心价值观提高到新的水平。在已有价值观念基础之上，立足改革开放伟大实践，建议考虑"公正、法治、和谐"作为深化凝练社会主义核心价值观的成果。

【关键词】 社会主义核心价值观；凝练；公正；法治；和谐

党的十八大提出社会主义核心价值观以来，学界对这一问题的研究不断深入，取得了丰富的研究成果。随着社会实践的发展，人们的认识也在不断深化、细化，对进一步凝练社会主义核心价值观提出了更高的要求，

---

[*] 本文系复旦大学马克思主义学院"泮林望菁"研究生创新计划重点项目"深化凝练社会主义核心价值观再研究"（2019FDMYC03）阶段性成果。

[**] 顾钰民，复旦大学马克思主义学院教授、博士生导师，主要研究方向为马克思主义政治经济学、中国特色社会主义理论；金莉黎，复旦大学马克思主义学院博士研究生，主要研究方向为价值论。

亟待以"简明精炼、言简意赅、易记易传"① 为基本原则凝练社会主义核心价值观,从而增强社会主义核心价值观的传播力。

一 当前凝练社会主义核心价值观存在的主要问题

党的十八大以来,经过多年的学术研究和理论宣传普及,社会主义核心价值观在人们心目中留下了深刻的印象。随着培育和践行的深入推进,社会主义核心价值观已成为兴国之魂,决定着中国特色社会主义先进文化的发展方向。深入开展社会主义核心价值观的学习教育,凝聚社会共识,引领社会思潮,已成为推进马克思主义中国化、大众化、时代化的价值基础。总体而言,近年来我国培育和践行社会主义核心价值观所取得的明显效果必须充分肯定,人们对此研究的成果也值得认可。但必须看到对于社会主义核心价值观本身的内涵还需要进一步凝练,按照习近平总书记提出的把社会主义核心价值观落细、落小、落实的要求继续努力。习近平总书记指出:"核心价值观的养成绝非一日之功,要坚持由易到难、由近及远,努力把核心价值观的要求变成日常的行为准则,进而形成自觉奉行的信念理念。"② 社会主义核心价值观研究需要在人民群众的长期实践中进行凝练,并对其科学内涵做到简明精练,不求全,只求精,高度凝练、易记易传,这是凝练社会主义核心价值观本身的内在要求。今天要研究回答的不是社会主义核心价值观是什么,因为社会主义核心价值观需要有一个培育和践行的过程,并不是在短时间里一蹴而就完成的,需要静下心来认真思考和潜心研究。但是,目前学术界主要聚焦对社会主义核心价值观"24个字"的研究和阐述,亟待深入到对社会主义核心价值观的精准凝练上。

实践在发展,认识在发展,理论也在发展,人们对社会主义本质认

---

① 戴木才:《对社会主义核心价值观几个基础理论问题的思考》,《马克思主义与现实》2017年第4期。
② 习近平:《青年要自觉践行社会主义核心价值观——在北京大学师生座谈会上的讲话》,《人民日报》2014年5月5日。

识的不断深入推动了对社会主义核心价值观的认识和凝练。毋庸置疑，今天对社会主义本质的认识和几十年前就不一样。对传统文化需要在继承的基础上进行创新，对西方文化需要在扬弃的基础上进行吸收，在全球化时代更需要汲取全人类文明的思想精华，在这些基本问题还没有达到一定认识的条件下，对社会主义核心价值观的理解也就难以形成共识、得到凝练。对这些基本问题的研究特别是在观念变革上亟待进一步明确以下几点。

一是研究思路有待明确。凝练社会主义核心价值观的过程中，始终有一个按照怎样的思路进行凝练的问题。目前社会主义核心价值观"24个字"是当前关于社会主义核心价值观的最新凝练和概括，并从国家、社会、个人三个层面来进行阐释，从这个意义上说，实现了社会主义核心价值观从"无"到"有"的概括，具有历史性意义。时代是思想之母，实践是理论之源。随着改革开放的历史进程，对于社会主义核心价值观的认知也将伴随实践的深入而与时俱进，社会主义核心价值观应该具有怎样更丰富的内涵、更深远的要义、更简明的表达等一系列本体性认知也需要不断得到深化和明确。因此，深化凝练社会主义核心价值观亟待在深入研究"三个倡导"的基础上展开，在深化认知改革开放的伟大实践中推进，这是凝练社会主义核心价值观的主要思路和方向。

二是对核心价值观的概括有待细化。2013年12月，中共中央办公厅印发《关于培育和践行社会主义核心价值观的意见》中指出："这24个字是社会主义核心价值观的基本内容，为培育和践行社会主义核心价值观提供了基本遵循。"[①] 从某种程度上说，"24个字"作为社会主义核心价值观的基本内容是目前对社会主义核心价值观的基本诠释和理解。但是这"24个字"的内容太多，在一定意义上说，难以体现核心价值观的"核心"要义。随着实践的进行，可以进一步在这"24个字"基本内容基础上进行提炼。

三是凝练不能存在逻辑矛盾。核心价值观是高度抽象和集中凝练的结果，作为精确、简练的表达方式，要充分体现"核心"的要义，不能被解

---

① 中共中央办公厅：《关于培育和践行社会主义核心价值观的意见》，《人民日报》2013年12月24日。

剖、分割、分层等，避免出现逻辑矛盾。

进言之，社会主义核心价值观凝练涉及许多方面，要处理好各方面的关系需要一个认识、研究、协调、再提炼的过程。对核心价值观的认识也将随着社会发展进步和观念转变更新而不断深入，要在全社会范围内达成共识更不是一朝一夕能做到的。从历史上看，封建社会核心价值观的形成和发育，用了上千年时间，资本主义核心价值观的提出和成熟，用了几百年时间。社会主义核心价值观的凝练同样也需要一个长期过程。凝练社会主义核心价值观不能把它看作是短期任务，随着中国特色社会主义实践的不断发展，对核心价值观的认识也不断深入，凝练社会主义核心价值观不可能一蹴而就。

二　社会主义核心价值观凝练的思路和原则

经过这几年的宣传教育、实践引导、学术研究，社会主义核心价值观已经有了较好的群众基础，在人们心中已经有了比较深刻的直观印象，应该在此基础上进一步凝练核心价值观。凝练思路有两条：一种思路是在"24个字"以外重新提炼出核心价值观，另一种思路是在"24个字"之中提炼出核心价值观。笔者比较赞同后一种思路。

在凝练社会主义核心价值观问题上笔者非常赞同戴木才教授提出的"简明精炼、言简意赅、易记易传"的观点，这样的核心价值观才能深入人心，进而成为人们自觉奉行的信念理念。凝练社会主义核心价值观必须符合这样的基本要求：首先，必须简明精炼，字数不能多，多了就不是核心价值观。其次，必须高度抽象，能够涵盖不同层面，而不是不同层面的核心价值观。再次，必须具有高度的世界性意义，既要体现中国特色，也要具有人类命运共同体的世界意义，尽可能在更广泛的范围内得到认同。根据以上的要求，笔者认为在凝练社会主义核心价值观时要把握好以下几点原则。

一是在社会主义基本价值观的基础上进行凝练。把"24个字"作为社会主义基本价值观比较符合实际，作为基本价值观念涉及的面就比较宽泛，可以涵盖各个层面，把涵盖面作为主要目标，而不在于凝练核心价值观，在此基础上再进行凝练才是核心价值观。积极推进"三个倡导"，是一项前期工作。"三个倡导"本身并不是对核心价值观的凝练，在社会发展进步中，需要倡导的价值观念有很多，这些价值观念有不同的内容，适用于不同的领域。以前，我们也提倡过不同的价值观念，但并不是很系统。现在提出"三个倡导"第一次比较完整、系统地总结了社会主义社会应该大力倡导的价值观念。这说明我们对社会生活和人们交往活动已经形成比较一致和明确的价值导向。"三个倡导"提出的价值观念更具有全社会应该共同遵守的一般性质，应该在此基础上进一步凝练出核心价值观。

二是核心价值观是对社会主义本质、中国精神、价值资源的高度概括和凝练，是能够涵盖整个社会各个领域和不同层面的价值观念。社会主义核心价值观是对社会主义社会中各种价值观念的高度凝练，不能把这种凝练定位在是否能够全面反映我们应该具有的各种价值观念，而是应该定位在这一凝练是否能够成为各种价值观念中的核心理念。对社会主义核心价值观凝练的思维方式要有所改变，在"三个倡导"的众多价值观念中，没有重要与不重要之分，每一种价值观念都有其自身的内涵，反映的是不同方面所应该遵循的行为准则和价值要求。在人类社会发展过程中，人与自身、人与人、人与社会、人与自然、个人与集体、个人与国家之间有各种关系，在处理这些关系的时候，个人、集体、社会、国家都要有共同的价值观念，这些观念都是重要的、不可缺少的。关键在于核心价值观是什么？不能认为某一种观念没有作为核心价值观就不重要，或者只有成为核心价值观才是重要的，也不能认为把某一种观念作为核心价值观，没有把其他的观念作为核心就认为社会主义核心价值观的凝练就不全面。作为社会主义核心价值观本身就不需要全面，否则就不可能用几个字来概括。不能在全面不全面的问题上纠缠。

总之，研究社会主义核心价值观需要从不同的维度进行思考，但对社会主义核心价值观的凝练不能是多维度的，否则就不能达到高度提炼、准确概括和简洁表达的目标。要防止对凝练社会主义核心价值观出现泛化、全面化的倾向，要避免对这一问题的研究越来越复杂化、碎片化。对社主义核心价值观需要进行理论研究，但目的是要以简洁的语言来表达，准确、精炼的表达才能易记易传，达到凝练的目标。因此，对社会主义核心价值观的凝练既要能够表达社会主义核心价值观包含的社会属性、精神追求、价值共识，又要能够让人们乐于接受、易记易传，这才是凝练社会主义核心价值观必须遵循的重要原则。

按照先统一凝练社会主义核心价值观的思路和原则，再解决具体凝练的问题就比较容易，在"简明精炼、言简意赅、易记易传"凝练社会主义核心价值观的原则确定以后，接下来要解决的是如何凝练的问题。

三 凝练社会主义核心价值观的基本思考

按照"简明精炼、言简意赅、易记易传"的原则，笔者考虑从"24个字"的社会主义基本价值观中凝练出六个字作为核心价值观，供大家讨论。这六个字是：公正、法治、和谐。笔者不是说这六个字就一定最准确、最全面，只是认为相对比较合适，以此作为讨论的基础。

一是"公正"。"公正"作为核心价值观反映的是社会主义制度的本质要求。公正内蕴公平、正义、自由、平等社会主义基本价值观的内容，也包含公平、正义、自由、平等内容。反之，没有公平、正义、自由、平等，社会主义的原则和目标也就基本消失。公正也是中国共产党在中国特色社会主义实践中得出的重要理念，既反映了中国传统价值观的精华，也体现了现代价值理念的核心要义。公正这两个字包含的内容具有深刻广泛的意义，既可以反映社会主义的制度要求，也可以反映现代社会的价值理念。党的十九大报告关于公正的论述有公正司法、公正执法。党的十八大报告提出公正行使审判权，推动国际秩序和国际体系朝着公正合理的方向发展。党的十七大报告提出建设公正高效权威的社会主义司法制度，推动国际秩序朝着更加公正合理的方向发展。党的十六大报告提出按照公正司法和严格执法的要求，建立公正合理的国际政治经济新秩序。党的十三大报告提出使党成为公正廉洁的党，选贤任能、卓有成效地为人民服务的党。历次党代会提出的公正主要是一个政治概念，具体内涵主要是两个方面：一方面就国内来说主要是指制度公正、司法公正、党的性质公正；另一方面就国际社会来说主要指国与国之间的关系公正，如建立公正合理的国际政治经济秩序。无论从国内、国际来说，公正都是对不同的人、不同的国家要在地位上给予平等的地位，一视同仁，不然就是不公正，不公正结果必然是不公平，所以公正是政治和制度的重要价值理念，公平更多用于经济学领域。公正是公平的前提，公平是公正的结果。同时，公正还具有更重要的社会意义。公正作为一个关系概念，既是对人与人之间恰当关系的准确反映，又是对权利和义务关系的集中体现，还是作为一种价值尺度和评价标准决定着人们朴素的价值交往活动。另外公正具有相对性、关系性、评价性、阶级性，正是公正的多重属性将社会主义、共产主义与其他社会形态严格区分开来。

二是"法治"。"法治"作为核心价值观反映的是社会主义中国建设现代国家的基本理念和建设目标。党的十八届四中全会指出："依法治国，是坚持和发展中国特色社会主义的本质要求和重要保障，是实现国家治理体系和治理能力现代化的必然要求，事关我们党执政兴国，事关人民幸福安康，事关党和国家长治久安。全面建成小康社会、实现中华民族伟大复兴的中国梦，全面深化改革、完善和发展中国特色社会主义制度，提高党的执政能力和执政水平，必须全面推进依法治国。""面对新形势新任务，我们党要更好统筹国内国际两个大局，更好维护和运用我国发展的重要战略机遇期，更好统筹社会力量、平衡社会利益、调节社会关系、规范社会行为，使我国社会在深刻变革中既生机勃勃又井然有序，实现经济发展、政治清明、文化昌盛、社会公正、生态良好，实现我国和平发展的战略目标，必须更好发挥法治的引领和规范作用。"① 习近平总书记把法治和改革比喻为鸟之两翼、车之两轮，足以可见，不仅改革是新时代中国发展的主题词，法治也是新时代中国发展的主题词。法治，以民主自由为基础，以公正作为生命线，体现了权责分明的现代世界精神，体现了现代世界的基本价值理念。可以说，大到国家、政府、执政党，小到集体、个人，都需要在法治的框架之中行事。中国要成为真正意义上的现代化国家，必须高举法治

---

① 《中共中央关于全面推进依法治国若干重大问题的决定》，《人民日报》2013年10月29日。

的旗帜,全面依法治国、依法执政、依法行政。只有在法治的旗帜下,我们的国家、政府、社会、人民才能真正在法治的引领和规范下实现现代化的目标。法治是社会主义中国在新时代必须全面遵循的基本原则和核心价值观。

三是"和谐"。"和谐"作为核心价值观反映的是人类历史前进的方向和普遍适用的价值取向。中华民族自古就有"身心合一""和而不同""以和为贵""天人合一"的价值理念,展示出人与自身、人与人、人与社会、人与自然和美协调的价值目标。孔子提出"大道之行也,天下为公。选贤与能,讲信修睦。故人不独亲其亲,不独子其子,使老有所终,壮有所用,幼有所长,矜、寡、孤、独、废疾者,皆有所养。男有分,女有归。货恶其弃于地也,不必藏于己;力恶其不出于身也,不必为己。是故谋闭而不兴,盗窃乱贼而不作,故外户而不闭,是谓大同"① 的终极理想——大同世界,以此描绘出作为和美协调圆满形态的一幅图景。作为中华民族对人类社会的伟大贡献之一,和谐深刻阐明了人与自身达成和解的本体要求,阐明了人与人之间和谐相处的人际要求,阐明了人与社会群己和谐的合作精神,阐明了人与自然和谐共生的辩证统一。马克思也不无憧憬地描绘了未来和谐社会的美好蓝图:"共产主义是私有财产即人的自我异化的积极的扬弃,因而是通过人并且为了人而对人的本质的真正占有;因此,它是人向自身、也就是向社会的即合乎人性的人的复归,这种复归是完全的复归,是自觉实现并在以往发展的全部财富的范围内实现的复归。这种共产主义,作为完成了的自然主义,等于人道主义,而作为完成了的人道主义,等于自然主义,它是人和自然界之间、人和人之间的矛盾的真正解决,是存在和本质、对象化和自我确证、自由和必然、个体和类之间的斗争的真正解决。"② 马克思从存在论的高度解析了和谐社会的样态。和谐是真正作为人对自身本质的复归,是真正作为类存在对类特性的复归,是真正作为自然之物对自然的复归,是完全意义上的、自觉的、全部的对自身、对人、对社会、对自然的复归。和谐这一价值理念,它反映了人与自身、人与人、人与社会、人与自然和美协调、共生互存的人类命运,是基于对人的本质

---

① 郑玄注;孔颖达等正义:《礼记正义》,上海古籍出版社,1990,第412页。
② 《马克思恩格斯文集》第1卷,人民出版社,2009,第185页。

的透析、对他人人格的尊重、对人类社会发展规律的科学揭示和对人类历史前进方向的深刻指引,而做出的科学判断。"和谐"既具有中国特色、民族特点,又具有世界眼光、人类高度,集中体现了将中华优秀传统文化与人类共同价值有机结合的历史意义。

【执行编辑:邱仁富】

文化自信对社会主义核心价值观的价值审视

邹安乐　郭秀清　郭玉梅*

【摘　要】 党的十八大以来，以习近平总书记为核心的党中央高度重视社会主义核心价值观建设，出台了许多举措进一步推动了社会主义核心价值观的广泛弘扬。文化自信对社会主义核心价值观的弘扬具有滋养价值、认同价值和践履价值等，从价值论视阈，充分认识文化自信的积极作用，对于立足新时代持续深入推进社会主义核心价值观建设提供了根本遵循和行动指南。

【关键词】 文化自信；社会主义核心价值观；滋养价值；认同价值；践履价值

党的十八大以来，以习近平总书记为核心的党中央高度重视社会主义核心价值观建设，出台了许多举措进一步推动了社会主义核心价值观的广泛弘扬。"文化自信是一个国家、一个民族发展中更基本、更深沉、更持久的力量。"[①] 文化自信对社会主义核心价值观的弘扬具有滋养价值、认同价

---

* 邹安乐，国防大学政治学院马克思主义理论系副教授，主要研究方向为价值哲学和马克思主义理论。郭秀清，国防大学政治学院马克思主义理论系副教授，主要研究方向为价值哲学和马克思主义理论。郭玉梅，国防大学政治学院马克思主义理论系讲师，主要研究方向为价值哲学和马克思主义理论。

① 《中国共产党第十九次全国代表大会文件汇编》，人民出版社，2017，第33页。

值和践履价值等,从价值论视阈,充分认识文化自信的积极作用,不忘本来、坚守本根,从延续民族血脉中开拓前进,对于立足新时代持续深入推进社会主义核心价值观建设提供了根本遵循和行动指南。

一 文化自信对社会主义核心价值观的弘扬具有滋养价值

文化是一个国家、一个民族的灵魂。"中国特色社会主义文化,源自于中华民族五千多年文明历史所孕育的中华优秀传统文化,熔铸于党领导人民在革命、建设、改革中创造的革命文化和社会主义先进文化,植根于中国特色社会主义伟大实践。"[①] 正是这些中华优秀传统文化、革命文化和社会主义先进文化等奠定了我们中华民族的文化自信,构成了与文化自信密切联系的三个基本方面,成为社会主义核心价值观的丰富滋养,对社会各方面都具有建设性意义。

文化自信与社会主义核心价值观是密切联系的。所谓文化自信,就是对自身民族文化的自信,是民族的整体精神状态。坚定文化自信,是事关国运兴衰、事关文化安全、事关民族精神独立性的大问题。对中华民族而言,涵括中华优秀传统文化、革命文化和社会主义先进文化在内的中国特色社会主义文化,对内是赓续血脉基因、维系团结认同的精神纽带和精神家园,对外又是代表独特民族精神标识、保持精神独立性的文化根基和文化底蕴。中华民族创造了源远流长、博大精深的中华文化,是世界古代文明中唯一没有中断而发展至今的伟大文明,为人类文明发展进步作出了独特贡献。立足当下,坚定文化自信凝聚着新时代发展的精神力量,是新时代发展的需要。放眼未来,坚定文化自信是实现伟大复兴中国梦的内在要求。文化力量日益成为衡量国家综合实力的重要因素,成为不同国家的意识形态制高点。价值观是文化的内核,核心价值观是社会的最大公约数。核心价值观包含了人们对人生、社会、世界等重大问题的深入思考和价值追求,影响着人们的思维方式、价值判断和行为模式。文化自信是价值观

[①] 《中国共产党第十九次全国代表大会文件汇编》,人民出版社,2017,第33页。

自信的前提，价值观自信是文化自信的凝练。价值观自信离不开文化认知和认同，文化自信需要体现为价值观自信。没有文化自信，价值观自信就没有基础，不可能持久；没有价值观自信，文化自信也无法体现，不可能深入人心。社会主义核心价值观作为当代中国精神的集中体现，凝结着全体人民共同的价值追求，属于精神层面，与文化自信关系密切。培育和践行社会主义核心价值观，旨在用其强化维系安定团结的精神纽带，提升国家的文化软实力。

文化自我认知是文化自信对社会主义核心价值观的滋养前提。中华文化是我国各民族文化兼容并蓄、共生共荣的文化共同体，代表着中华民族独特的精神标识。五千多年文明历史所孕育的中华优秀传统文化，积淀着中华民族最深层的精神追求，代表着中华民族独特的精神标识，是中华民族生生不息发展壮大的丰厚滋养。中华优秀传统文化是中华文化的精髓，是中华民族的精神命脉，是中华民族的"根"与"魂"，在历史发展进程中为中华民族创造了丰富的物质和精神财富，开拓了我们文化自信的深厚泉源。文化自信是历史底蕴深厚的自信。正如习近平总书记所指出的："文明特别是思想文化是一个国家、一个民族的灵魂。……优秀传统文化是一个国家、一个民族传承和发展的根本，如果丢掉了，就割断了精神命脉。……不忘历史才能开辟未来，善于继承才能善于创新。"① 历史和现实都表明，一个国家、一个民族应该对自己本民族的文化应该有清醒的认知，应该万分珍惜自己的思想文化，牢牢把握思想文化这个灵魂，这个国家、这个民族才能立起来。反之，抛弃传统、丢掉根本，就等于割断了自己的精神命脉，就立不起来。习近平多次阐明："中华优秀传统文化已经成为中华民族的基因，植根在中国人内心，潜移默化影响着中国人的思想方式和行为方式。今天，我们提倡和弘扬社会主义核心价值观，必须从中汲取丰富营养，否则就不会有生命力和影响力。"② 从这个意义上讲，文化自信为社会主义核心价值观的广泛弘扬提供了内在依据与诠释底蕴。

文化自信是涵养社会主义核心价值观的重要源泉。中华文明绵延数千

---

① 习近平：《在纪念孔子诞辰2565周年国际学术研讨会暨国际儒学联合会第五届会员大会开幕会上的讲话》，《人民日报》2014年9月25日。
② 《习近平谈治国理政》，外文出版社，2014，第170页。

年,有其独特的价值体系。中华文化有天人合一的自然观、和而不同的大局观;有天下兴亡、匹夫有责的爱国情怀;强调"人而无信,不知其可也"①"诚者,天之道也;思诚者,人之道也"②"言必信,行必果"③的诚信意识;有"天行健,君子以自强不息"④的进取精神、舍生取义的理想追求、天下为公的价值取向;强调"己所不欲,勿施于人"、仁者爱人、"老吾老以及人之老,幼吾幼以及人之幼""出入相友,守望相助""扶贫济困"等,这些具有鲜明民族特色的思想和理念对社会主义核心价值观的不同层面都有着深刻影响。中国古代历来讲究格物致知、诚意正心、修身齐家、治国平天下。格物致知、诚意正心、修身侧重于个人的层面要求,齐家侧重于社会的层面要求,治国平天下是国家层面的要求。这种以天下为己任的责任伦理,强调个人、家庭的命运与社会、国家、天下的命运紧密相连,要求每个人必须承担个人、社会与国家的多重责任。与当下的社会主义核心价值观,把涉及国家、社会、公民的价值要求融为一体,继承了中华优秀传统文化,体现了社会主义本质的要求和时代精神。可见,源于对中华优秀传统文化继承和发展的文化自信生生不息地涵养着社会主义核心价值观。

二 文化自信对社会主义核心价值观的弘扬具有认同价值

　　文化自信对社会主义核心价值观的弘扬不仅具有滋养价值,而且还有认同价值,这种情感认同、价值体认,是价值观的内部核心构造,是一种内在的原始的思想凝聚力和发展驱动力。可见,广泛弘扬社会主义核心价值观,离不开中国共产党人坚持文化自信这个更基本、更深刻、更持久力量的认同。

　　文化自信为社会主义核心价值观的弘扬提供了精神家园。人类生活在物质家园和精神家园之中。精神家园不同于物质家园的意义在于,它是思

---

① 朱熹集注:《四书集注》,岳麓书社,2004,第67页。
② 朱熹集注:《四书集注》,岳麓书社,2004,第314页。
③ 朱熹集注:《四书集注》,岳麓书社,2004,第166页。
④ 王弼、韩康伯注;孔颖达等正义:《周易正义》,上海古籍出版社,1990,第14页。

想灵魂赖以依托的居所、家国情怀和民族认同赖以维系的纽带、共同理想信念和精神追求赖以确立的价值系统。任何一个国家和民族的思想灵魂和精神世界都是由自身创造的文化浸润而形成的,国家和民族的精神力量也都是在文化认同中得以凝聚和强化的。作为灵魂居所、精神纽带和价值系统而存在的民族精神家园,不仅在生活意义和生存价值层面赋予各个成员立身处世于家国之中的道德遵循和价值准则,更是在家国情怀和民族认同层面为每一个成员明确了安身立命的本根归属和使命责任。在漫长的历史演进过程中,中华民族一直坚守中华文化立场,始终对自己的文化有着强烈的认同感和自豪感,无论经历什么样的战乱离合,遇到什么样的冲击挑战,文化的精神血脉都未曾割断过,民族精神的家园始终坚强地屹立着,这是中华民族生生不息、不断前进,并始终立于不败之地的精神密码所在。

  文化自信为社会主义核心价值观的弘扬提供了丰富的情感认同土壤。认同是一种心理上的肯定性、情感上的趋同性,能最大限度地消除心理排斥、距离和隔阂,是共识达成的前提。文化认同是长期共同生活所形成的对本民族文化标识特征的感同身受、情感体验、心理归属,是基本价值观的肯定性体认,是凝聚和延续民族文化共同体的精神纽带和思想基础。文化认同能保留本土文化的生命火种,生生不息,历经磨难不灭。中华优秀传统文化是实现文化认同与价值观认同的丰厚土壤。习近平总书记指出:"一个民族、一个国家的核心价值观必须同这个民族、这个国家的历史文化相契合,同这个民族、这个国家的人民正在进行的奋斗相结合,同这个民族、这个国家需要解决的时代问题相适应。"[①] 中华优秀传统文化已经融入中华民族的血脉,潜移默化影响着中国人的思想方式和行为方式;震撼世界、彪炳史册、永放光芒的革命文化,已经深深融入中华民族的灵魂,与时俱进并与时代主题和历史使命相契合,成为社会主义核心价值观的丰富滋养,为党和人民的事业提供了有力精神支撑;与此同时,亲历中国特色社会主义伟大实践,对中国特色社会主义伟大实践的感同身受,让中国人在历史观、国家观、民族观、政治观上不断增进文化认同,增强文化自信,都为大力弘扬社会主义核心价值观提供了丰富的情感认同沃土。因此,植

---

① 《习近平谈治国理政》,外文出版社,2014,第171页。

根于中华优秀传统文化、革命文化和中国特色社会主义实践土壤中的社会主义核心价值观,被人们情感上普遍理解和接受,为人们自觉遵守和奉行,成为中国人民的价值追求和行为规范。

文化自信为社会主义核心价值观的弘扬提供了丰富的价值认同沃土。我国是一个统一的多民族国家。在长期的历史发展进程中,各民族像石榴籽一样紧紧抱在一起,形成了56个民族共同组成的你中有我、我中有你,谁也离不开谁的中华民族命运共同体。"核心价值观是一个民族赖以维系的精神纽带,是一个国家共同的思想道德基础。"① 社会主义核心价值观是我们党团结带领人民在开创中国特色社会主义的伟大实践中形成的,是中国特色社会主义的价值表达。社会主义核心价值观作为当代中国精神的集中体现,凝结着全体人民共同的价值追求,属于精神层面,与文化自信关系密切。当代中国人的文化自信,是实现中华民族伟大复兴中国梦不可或缺的精神资源和精神力量。习近平指出:"中国优秀传统文化的丰富哲学思想、人文精神、教化思想、道德理念等,可以为人们认识和改造世界提供有益启迪,可以为治国理政提供有益启示,也可以为道德建设提供有益启发。"② 革命文化中的理想远大、信念坚定、无私奉献、艰苦奋斗、勇于胜利、不怕牺牲等革命精神,为社会主义核心价值观增添了充足的养分,社会主义先进文化为社会主义核心价值观提供了坚实的基础。文化对人的意识具有导向作用,文化自信对人的认知方式、实践方式和价值判断具有引导和塑造作用。大力增强中华文化认同、夯实文化自信的价值认同沃土,发挥革命文化和先进文化对社会主义核心价值观的塑造作用,对于全国各族人民大力弘扬社会主义核心价值观,增强社会主义核心价值观的吸引力、凝聚力和向心力,起到了极为重要的促进作用。

三 文化自信对社会主义核心价值观的弘扬具有践履价值

当前,文化软实力在综合国力竞争中的地位和作用越来越重要,是凝

---

① 习近平:《在文艺工作座谈会上的讲话》,《人民日报》2014年10月15日。
② 习近平:《在纪念孔子诞辰2565周年国际学术研讨会暨国际儒学联合会第五届会员大会开幕会上的讲话》,《人民日报》2014年9月25日。

聚和激励民族精神的重要力量。新时代的文化自信为社会主义核心价值观的弘扬提供滋养价值、认同价值的同时,也进一步拓展了其践履价值。

文化自信促进社会主义核心价值观弘扬媒介的创新。"每一种文明都延续着一个国家和民族的精神血脉,既需要薪火相传、代代守护,更需要与时俱进、勇于创新。"① 以自信的中华文化去滋养社会主义核心价值观,就要推动中华优秀传统文化、革命文化、社会主义文化传播与新媒体、新技术融合,推进宣传教育平台载体、方式、手段的创新。坚定中国特色社会主义文化自信要以优秀传统文化创新性发展、创造性发展为前提,将其历史、人文、社会价值全面展示出来,从而构成文化自信的强大基因传承。要适应新媒体、新技术的发展趋势,建设中国特色社会主义文化网络教育平台,打造培育和践行社会主义核心价值观的有效载体,使传播路径更加多元。促进中华优秀传统文化与相关产业的融合发展,提升公众对中华优秀传统文化的关注度。积极弘扬中华民族的传统文化,系统盘点和梳理传统文化基因,做好"非遗"工程的挖掘及保护工作,让拥有强大历史底蕴的文化基因不仅仅流传于博物馆、纪录片、电影、文学等载体当中,更要在人们的文化生活当中得到最真实的体现。通过传播优秀文化,拉近各民族各种族的心理距离,形成强大的情感与沟通的桥梁。对于优秀的传统文化而言,必须要坚持稳定创新、推陈出新,在"扬弃"的基础上批判地继承,使传统文化具有时代价值和文化精神。文化发展过程中会有不同的"杂音",而问题才是时代发展的推动力,只有在不断纠正错误中求得发展,才能够激活民族文化最强大的创造基因,才能够真正实现与时俱进,确保其与时代发展同频共振。

文化自信促进了社会主义核心价值观弘扬的知行合一。实践既是检验认识之真理性的标准,也是认识的目的。习近平总书记指出,"培育和践行社会主义核心价值观,贵在坚持知行合一、坚持行胜于言"②。所谓"知",就是深刻把握社会主义核心价值观的内涵,全面领会新时代中国精神和价值取向;所谓"行",就是坚持把价值观作为日常行为准则,时时处处以此为标准。知行合一作为中国传统文化的重要命题,体现了马克思主义认识

---

① 习近平:《论坚持推动构建人类命运共同体》,中央文献出版社,2018,第82—83页。
② 《习近平谈治国理政》,外文出版社,2014,第188页。

论和方法论的有机统一。各级干部践行文化自信的内在要求，其中很重要的一条就是必须坚持知行合一。要自觉学习文化自信的内涵，努力学好中国特色社会主义文化，学习并传承中华优秀传统文化，珍视和汲取养分，要以学益智，以学修身，学习传统文化中的修身之道、为政之道、民本之道、义利之道等，重视红色革命文化和社会主义先进文化的学习，保持担当尽责的工作态度，更要自觉践行社会主义核心价值观个人行为层面的内在要求，切实做到爱岗、尽责、专注、奉献，化身文化自信的传播使者，担负起使命和职责。充分理解、努力践行文化自信的时代内涵，主动融入主流价值观，以群众喜闻乐见和易于接受的方式传播主流价值和主流文化，以此来凝聚民心、增进共识、汇聚力量，使习近平新时代中国特色社会主义思想和中华民族伟大复兴中国梦深入人心，促进全体人民在理想信念、价值理念、道德观念上紧紧团结在一起。社会主义核心价值观是立体的，是在文化自信统摄思想观念和价值导向凝聚社会力量的基础上，落实于生活层面的价值实践。因此，培育和践行社会主义核心价值观要以文化自信为导向，将核心价值观的认知、自觉养成与积极实践紧密结合起来，提高自觉践行能力，将核心价值观内化于心、外化于行，知行合一，促进社会主义现代化的构建和社会文明程度的提升。

文化自信推动社会主义核心价值观融入社会发展和社会生活各方面。"一种价值观要真正发挥作用，必须融入社会生活，让人们在实践中感知它、领悟它。"[①] 文化自信促进社会主义核心价值观的落实。思想引领方向，实干铸就辉煌，有"行"才能致远。我们党坚持文化自信，言必信、行必果，以扎实的工作为中国人民谋幸福，为中华民族谋复兴，为世界人民谋大同。要以中华优秀传统文化、革命文化和社会主义先进文化滋养社会主义核心价值观，必须将其与人们日常生活紧密联系起来，在落细、落小、落实上下功夫，使之贯穿于社会生活的方方面面。当前，围绕用社会主义核心价值观立德树人的根本任务，我们应该始终坚持文化自信，将社会主义核心价值观全方位融入启蒙教育、职业教育、高等教育等各领域各行业，大力弘扬爱国主义精神，引导大家更加全面准确地认识中华民族的历史传

---

① 《习近平谈治国理政》，外文出版社，2014，第165页。

统、文化积淀。充分发挥党员干部的示范作用和家庭的基础作用，充分运用传统文化中的道德教化资源，把中华优秀传统文化融入社会主义核心价值观活动之中，吸引群众广泛参与，不断提升人们的文化品位和价值水准，弘扬社会主义道德，培育和践行社会主义核心价值观，形成有利于推动中华民族伟大复兴的强大精神动力。

【执行编辑：刘　冰】

文化与价值研究

Research on Culture and Value

中华文化可以向世界贡献什么?

孙伟平　邹广文　崔唯航　郑　开

编者按　《中华文化可以向世界贡献什么?》是一部立足于博大精深的中华文化,着眼于构建人类命运共同体,为解决世界问题提供中国方案和中国智慧的通俗理论读物。2019年8月20日,广西人民出版社携《中华文化可以向世界贡献什么?》一书,邀请本书主编孙伟平教授,北京大学郑开教授、清华大学邹广文教授、《求是》杂志社文化编辑室李文阁主任、中国社会科学院外国文学研究所崔唯航副所长、中国社会科学院哲学研究所刘悦笛研究员、广西出版传媒集团何骏副总经理、广西人民出版社温六零社长、韦鸿学总编辑等专家、学者,以及多家媒体记者,齐聚商务印书馆涵芬楼书店,围绕该书进行了深入研讨,就如何更好地阐发中华文化的当代价值、挖掘中华文化的世界力量,丰富世界文明交流互鉴成果发表了许多真知灼见。本辑特意摘录了座谈会上部分作者、专家的发言,以飨读者。

中华文化回应世界问题的一次尝试

孙伟平[*]

《中华文化可以向世界贡献什么？》是我们对民族文化进行的一次总结性思考，也是我们向世界深度传播中华文化的一次尝试。在世界发生重大变化、中国强势崛起的背景下，在新的时代和新的社会实践中，它旨在探讨源远流长的中华文化究竟有什么，哪些内容可以为世界所共享，可以对世界文化作出什么样的贡献。

我们生活的时代、世界正在发生翻天覆地的变化。全球化、信息化和智能化的浪潮汹涌澎湃，整个世界正在从工业社会迈向后工业的信息社会或智能社会，世界上的一切都在被重新塑造，世界似乎每天都是新的。在这样的大背景下，中国的发展更是一个引人注目的特例。中国在过去一穷二白的基础上强势崛起，正在从农业社会迈向新型工业化社会，同时还在迈向信息社会或智能社会。中国所发生的变化之大，可以说令我们目不暇接，尚未来得及进行深刻的反思。有时，我们可能会觉得20世纪70年代至90年代发生的事情，令人有"恍如隔世"的感觉。因此，在中国快速崛起的过程中，有数不胜数的问题需要我们去解决，有很多理论上的难题呼唤我们去探讨。

然而，观察我们的思想理论界，我们不难发现，目前许多问题的探讨显得很初步，理论一直没有跟上火热的生活实践的发展。比如，从经济的角度说，中国经济改革开放以来的发展非常之快，2010年已经成为世界第二大经济体，堪称世界奇迹。这是举世公认的伟大成就，任何人都否定不了。但是，中国自己的经济学理论解释不了，中国经济为什么能够成功，甚至说不清楚中国经济是怎么成功的。因为解释不了，因而过去常常是摸着石头过河，未来的预测就更做不了，不太知道今后会如何发展，会发生

---

[*] 孙伟平，上海大学特聘教授，社会科学学部（筹）主任，马克思主义学院院长，博士生导师，主要研究方向为价值哲学、智能哲学。

些什么。国外那些洋理论也解释不了。有些学者、政客反复地预测、宣称中国会崩溃，可事实却让他们一再地被"打脸"。中国一直巍然屹立，就是违背他们的理论也不崩溃。这无论如何是值得我们关注的一个现象。

我们不是经济学研究工作者，在经济学领域没有什么发言权，但是，对于中国的崛起，从文化方面、价值观方面进行反思，却是我们哲学、文化工作者的职责。当中国快速发展以后，中国的文化也应该、并且可能崛起，也应该、并且可能在世界上产生越来越大的影响。在这样的时代背景下，我们需要抓紧考虑，文化领域能不能避免经济学领域的尴尬，有所作为。

也就是说，我们需要立足时代和社会的变迁深入地探讨，中华文化到底有什么，特别是有一些什么好东西；迈入新的时代，世界文化建设的大方向是什么样的；目前的世界文化存在一些什么问题；它迫切需要添加一些什么样的文化元素；对此，中华文化可以做点什么，或者说可以作出什么样的贡献；等等。——当然，这些题目都非常之大，也非常之难，甚至什么是文化我们都还没有说清楚。此外，究竟什么是中华文化，争议也非常之大。如果面向世界、面向未来的话，这些问题就更复杂了。

在新的时代，直面新的世界，中华文化到底应该是什么样的文化？应该是现有的文化——特别是西方文化的一个改造呢，还是要重新创造一种新型的文化？如果是，这种新文化应该具有什么样的特质？等等。这些问题，我觉得都是没有定论的。目前，有很多证据表明，西方文化存在一定的危机，问题暴露得也越来越充分了。文化的美国化，抑或文化的西方化，已经被人们打上了一个问号。那么，世界到底需要一种什么样的新文化，这个问题值得反复追问。此外，从方法论来看，如果我们发现了中华文化的精华，精华是不是可以跟糟粕简单地切割，直接拿来就用，恐怕也是要打问号的。文化毕竟不像一个烂苹果，把坏的切掉，留下的就是好的。更多的时候，精华和糟粕是混杂在一起的，有时甚至是一体两面，很难简单地进行切割。所以，现在所谓的创造性转化和创新性发展，就具有特别的意义，因为一切文化都需要基于新的时代、新的实践重新进行审查，进行新的创造。这自然是一些很大的课题，而且是一些没有标准答案的问题。

实际上，我们撰写组研究和探讨《中华文化可以向世界贡献什么？》，就是希望尝试回答以上问题。它的篇幅有限，我们的水平也有限，并不是要回答所有的大问题。一本书根本实现不了那么多的目标。我们只是想实实在在地考察，当今世界究竟存在一些什么问题，遭遇了一些什么挑战，然后从这些问题和挑战入手，反思中华文化，看看可以作出一些什么贡献。

因此，这本书在设计时，一项重要的工作是对当前世界普遍面临的问题进行梳理。按照人与自然、个人与家庭、国家与社会、文化与理想、世界与未来5个基本层面，共整理出当前和未来人类普遍面临的19个方面的问题和挑战，如中华文化如何应对人与自然的冲突、中华文化能提供什么发展模式、中华文化如何面对全球性贫困等。然后，针对这些问题，用五千年中华文化对其进行有针对性的梳理，从中寻找有意义、有价值的元素、资源：从刚健有为、自强不息的奋斗进取精神，到厚德载物、兼容并蓄的开放包容精神；从革故鼎新、与时俱进的创新活力，到安不忘危、存不忘亡的忧患意识……全书的目的在于，希望能够为这些问题和挑战贡献中国方案和中国智慧，展示中国文化、中国精神和中国力量。从具体的写作方式看，每一章都是直面这些问题，在对问题进行剖析的基础上，围绕主题直截了当地进行讨论，到中华文化里面去提取相应的立场、思想、观念和方法，努力从中华文化中找到一些解决问题的视角、方案、思路和经验。

中华文化可以向世界贡献什么？这个问题本身非常复杂，一时半会不可能有定论。所以，这本小书只是做了一个初步的尝试，只是把问题提出来了，希望能够抛砖引玉，引起社会各界的讨论，将问题向前一步一步推进。我们衷心地希望，今后当中华文化像中国经济一样令全世界震惊的时候，广大文化学者有所准备，能够基本上说清楚，到底是什么文化因素促使中国经济和社会取得了这样大的进步，中华文化还存在一些什么问题，我们应该如何进行改造和创新，然后在这一基础上，如何对世界有所贡献。若能如此，这本小书就发挥了它的作用，同时也就在一定程度上将中华文化推向了世界舞台的中央，展现了中华文化所特有的神韵和魅力。

中华文化与时代精神的对接

邹广文*

多年以来，孙伟平教授一直围绕价值以及文化价值进行研究，在学术圈里是非常勤奋的一位学者。这部《中华文化可以向世界贡献什么？》将基础理论与生活实践相结合，是一项比较独到的成果。我想围绕它谈三个方面的意见。

第一，该书对中国精神的提炼比较到位。谈到中华文化可以向世界贡献什么，我们首先要明确，到底什么是中华文化。作为炎黄子孙、龙的传人，中华民族最基本的概念、最基本的价值诉求到底是什么？我觉得该书在这个方面的把握比较到位，也比较全面。中华文化上下五千年，博大精深，到底谁总结得更科学？这是一个问题。我觉得，当我们中国人自己在谈中华文化时，有两个角色，既是编剧者，又是剧中人，既身在其外，又置身其中。所以，谈论这个问题比较困难；但我们也有优势，即置身于中国社会与中华文化之中，这是我们先天的优势。我们每个人对中华文化理解的深度、广度都不一样，就像一千个读者就有一千个哈姆雷特。但是总体来讲，作为一个共识性的解读，我还是比较认可这本书的。

第二，该书对现代精神或者时代精神的对接比较贴切、自然。这本书一方面是从学理上讨论中华文化，另一方面，对中华文化的解读还有一个现实关怀的观念，即需要面对当下存在什么样的问题。中国改革开放40多年了，改革是针对我们自身的，是相对有力的；那么，开放是什么？开放是向外的。开放是向人类最先进的文化方向发展。落后就要挨打，为了有所发展，我们必须要面向世界。但是，当中国走向世界，我们也发现了世界现代性文明存在的问题，发现人类走向现代化的过程中也出现了很多问题。也就是说，我们突然发现中华文明的价值资源对于缓解人类现代性的困境，确确实实有它独到的地方。原来有人说中华文明和现代文明是一个

---

* 邹广文，清华大学马克思主义学院教授，主要研究方向为马克思主义哲学、文化哲学、当代社会发展理论。

矛盾关系，后来通过"亚洲四小龙"的崛起，我们突然感到现代化和中华文明不是一对矛盾，而是具有互补性。中国40多年成功的改革实践，也实实在在地印证了中华文明和现代人类的诉求是可以和谐共存的，甚至是相得益彰的。在这一方面，该书应该说也注意到并体现了这样一种特色和价值。

第三，该书具有非常浓厚的未来意识，或者说使命担当。人文学术的最大特点不是向后看，而应该是向未来看。真正的人文关怀肯定要有未来意识。在我看来，这本书的亮点就是书中体现的未来意识。中国经过改革开放，2010年的GDP已经跃居世界第二。现在全世界都在关注中国的发展。一方面，中国的经济给世界做了一个表率，但是中华文化怎么样，我们不能老是一张嘴，说中华文化就是"四大发明"，就是上下五千年，人们更关注的是现代中华文化在世界文化中的位置，我们的贡献在哪里。今天，在中华文化走向世界的时候，有两个问题：其一，中国人民可以向世界贡献的这种文化资源到底是什么；其二，中国可不可以与世界人民共享一种大家都可以受益的核心文化或者核心价值观。当然，这两个问题实际上也有内在的逻辑连贯性。今天，我们确确实实感到，中国经济在世界的影响力和中华文化在世界的影响，它们之间是不匹配的。中国经济位居世界第二，但中国文化的影响力还未进世界前十。这值得我们深思。从国家层面来讲，讲好中国故事，向世界言说中国，该怎么去说？我觉得这本书从新的角度做了一个非常好的尝试，也为我们以后的科研提供了一个思路。

此外，我们还应该思考文化的实然和应然之间的关系。这本书更多讲的是中国的传统文化资源可以向世界开放。其实，这是一个应然的问题。但是，当我们把这些材料整理出来——就跟我们炒菜一样，这盘菜被端上来以后，客人愿不愿意吃，大家是不是叫好，这道菜好不好，是不是招牌菜，这是一个实然问题。我认为应该从文化的应然向文化的实然进行挖掘。学者也好，出版人也好，应该在这项工作上达成的一个共识。我想，当全世界的人都说，你教我汉语吧，你教我中华文化吧，那个时候中华文化的自信，文化的大发展大繁荣，就真正达到了一定的高度。所以，我们也应该考虑到，文化走出去的时候，世界的他者文明对我们文化的回应到底怎么样，即中国文化走出去时，要善于角色转换，善于换个角度看问题。如果我们换一种身份考虑问题，去做一些更深入的事情，很可能对我们的文化走出去有一些启示。对此，这本书也做了一些有益的尝试。

向世界传播"活的"中华文化

崔唯航[*]

这本书的主旨很明确,这也是该书价值的体现,就是探讨中国文化怎么面向世界的问题:我们能够向世界贡献什么。在阅读《中华文化可以向世界贡献什么?》的过程中,我觉得它有一个非常明显的世界导向,或者说国际导向。当今中国存在的问题之一,就是"有理说不出",或者"说了传不开",所以,如何讲好中国故事是一个问题。那么应该怎么面对、解决这些问题?在中国文化方面,这本书做了一些很有价值、很有意义的探索。

我以前看过一篇文章,它特别关注的一个核心问题,就是以什么样的方式才能够真正走向世界。简而言之,就是"要苹果,不要维生素C"。为什么这么讲?我们中国文化是有生命力的,整体是苹果,你告诉外国人说它有什么成分,他们可能就不感兴趣了,所以要展现出我们中国这个独到的苹果来。我们经常说一种文化好比一场思想的盛宴,但如果你告诉他每一道菜的成分,有什么营养,他们不会感兴趣,你告诉他菜式、炒法,也没有太多意义。

因此,应该以整体性的、活的方式展现中国文化,而不要把它解剖开。涉及中国文化研究,我觉得这一点特别重要。什么是文化?一个最基本的讲法是文化一定要有人的参与,没有人就谈不上文化。这里的关键是什么人?我们不是从自然或生理上来解剖这个人,更多的是讲人的生活。说你的文化是什么,就是说你怎么生活,是活法不一样。中国文化说的就是我们中国人是怎么活的,它是活生生的、有生命力的、有机的,如果过多地展开解剖,可能就会把它变成死的东西推出去。所以,我们在传播文化的时候,一定要用恰当的方式。

我觉得这本书的一个特点是它有19个部分,涉及很重要的19个问题,

---

[*] 崔唯航,中国社会科学院外国文学研究所党委副书记、副所长、研究员,主要研究方向为马克思主义哲学。

展现的就是我们中国人怎么活——怎么面对和回答这些问题，就是中国人的活法，几千年来中国人怎么活着。活法就是活生生的方式，是具体的问题。学者的研究一般都是抽象研究，非常注重概念和范畴，但如果涉及传播的话，如果要丰富一些、鲜活一些，特别是要告诉外国人什么是中国文化的时候，并不需要把它的核心解剖开。核心概念当然非常重要，中国文化讲天、讲道、讲仁、讲五行阴阳，等等，但普通读者会比较茫然，外国人也不会花这么大的精力来读。所以，要做好传播，一定要用一种整体性的表达方式，一种有生命力的活的表现方式。

我觉得，这本书在这个方面说得很具体，并不特别抽象。如果从纯哲学研究的角度来看，可能有些核心概念没有展开，但如果从面向世界传播的角度看，它的优点非常明确，研究者做了很多很好的工作，难能可贵。比如，书中举了一个我们都非常熟悉的例子：费孝通先生在他的名著《乡土中国》中讲到社会结构，他告诉外国人中国的社会是什么样的，我们都非常熟悉。他说，外国是一个团体格局，中国叫差序格局。这个概念有点复杂，但是他一讲，大家就明白了什么叫团体格局，它是对照西方来讲的，西方的格局就像一把火柴捆起来，有独立个体，但又是一个体系。但中国人不是这样，中国的分工是血缘和半血缘的关系，举个例子就是往湖面上扔一颗石子，一定会形成一圈圈波纹，波纹出现以后，它一定是以石子为中心，远近亲疏很清晰。这样一比喻，读者一听就明白，所以这种方式非常有效，且容易传播的。在本书中，类似的例子不少。

所以说，如果直接剖开来对中国文化进行化学分析，就如同身体解剖，对传播没有好处，而这本书从整体上重视表达方式，我觉得它达到了一个很好的效果。可以说，这本书在中国和世界、传统和现代（包括当代）之间，搭设了一座很好的文化桥梁。我们可以很好地用它来切入，这是本书一个很大的亮点；这也是对我们以后做学问，特别是做本土哲学的普及，很重要、有很大启发的一点。

从现代化角度有效地传播中华文化

郑　开[*]

中华文化有着强大的生命力。我们可以看到，中国的思想和精神信仰，在当今西方思潮的冲击下，并没有崩溃。对中华文化的研究，我们还有着长足的进步空间。因此，对于专门研究中华文化及相关领域的学者，应该从更广阔的视野，或者说从现代化和时代感的角度，来审视和反思自己所从事的工作。这个关注的重心，就是《中华文化可以向世界贡献什么？》提出来的问题，所以，我觉得非常有意义，有价值。

翻开这本书，我们就能感受到，它预设的受众不仅是中国人，还有外国读者，一些对于中华文化感兴趣的外国朋友。这些读者一开始对中华文化可能茫然，不知所措，他们更多关切的是现实的问题；现实的问题让他们想从中华文化中寻求某种参考，而这在一般的书中是找不到特别明确的答案的。这本书针对这些问题，列举了19个专题概括当今世界面临的共同难题，并努力从中华文化中概括出解决思路，内容比较全面，定位广泛，值得称道。

其实，中国文化的历史命运是与我们每个人密切相关的。就我的理解，这本书正如书名所提示的，就是解读"旧邦新命"的一种形式。这对于我们有特殊的意义。《诗经》里面讲，"周虽旧邦，其命维新"。我们中国是个旧邦，所谓"旧"，是说她历史悠久；所谓"新命"，是说文化本身是发展的。一方面，中华文化可以用来解读中国的历史走向，另一方面，这些解读同时也是挖掘中华文化的现代意义，即"旧邦"如何挖掘"新命"。这也是中国哲学研究者一直在坚持不懈追寻的命题之一：传承五千年的中华文化还可以为世界贡献更多的东西。我们过去贡献了许多智慧，但现在和将来还能贡献什么，需要我们共同努力探寻答案的一个重大问题。

---

[*] 郑开，北京大学哲学宗教学系教授，兼任北京大学道家研究中心主任，主要研究方向为中国哲学。

今天，中国已经成为世界经济的引擎，挖掘中华文化的现代价值会对中国乃至世界的走向具有建设性意义。可以说，这是一种时代的使命感。近年来，习近平总书记一直在讲构建人类命运共同体。人类命运共同体不仅仅是政治层面的，还是文化层面的。近代以来的世界体系，实际上是资本主义扩张建立的体系，这个体系现在显露出很多问题。由此，我们要讨论构建人类命运共同体，或者说要讨论中华文化，有一个问题必须重视并给予回答，即中华文化能为这个世界的现在和将来贡献什么。我们不能回避资本主义体系里的问题，我们能不能另辟蹊径，在历史资本主义的这条路之外，开创出一条新的道路？这个命题一直都是非常重要的。

由此反观，我觉得这本书有几个很好的理念。首先，书中指出，中华文化的贡献不受时间性与地域性的限制。也就是说，中华文化的贡献不限于时间和地域，它会在更广阔的时空里展现出它的活力。以我阅读的内容来看，书中很好地贯彻了这一点，也就是说，不限于古代，也不限于现在。我们说文化的多样性，思想的多元性，它们的价值就在于前景，中华文化是不断发展的文化体系，它有许多东西是我们今天不能抛弃的。

其次，书中特别关注东亚文明秩序的重建。我们从中国哲学来看，东亚秩序的重建跟中华秩序的重建是一个问题。这里可能涉及一些很复杂的政治、经济、军事的脉络，但从哲学的角度思考是迟早的事情。实际的过程，谁也不能预判，但是这个趋势，中华民族的伟大复兴也好，或者说中华文明的重建也好，甚至在中亚、东亚文明秩序的层面，这些问题都是交织在一起的。这一点很关键。认清这一点，才有利于我们去解决问题。

再次，该书还展现了一种较为有效的中华文化推广路径。我跟西方文化学者打交道的时候，发现他们会有自觉或不自觉的盲点。他们从根本上不承认在古希腊以来的西方思想传统之外，有哪一种文化酝酿出了哲学；或者说，他们在有意识地排斥西方哲学之外的哲学体系。这也许有其历史原因。欧洲历史上多是小国寡民、方国林立，他们不太能理解中华民族作为一个多元体，却创造了中国历来的大一统，他们认为这在逻辑上不合理。当我们了解了这种心态和心理，就会有针对性地开展我们的宣传。

因此，面对这样的阅读态势，我们应该因势利导，在中华文化的脉络中再思考，如何将中华文化更为有效地传播出去，充分地发挥传统文化的优势，使我们这个民族内部更加和谐，对外更加亲和，在人类历史上发挥更大的作用。我觉得，这本书可以提供一些重要的参考。

【执行编辑：刘　冰】

文化自信促进道德修养现实化的价值考量

唐志龙[*]

【摘　要】 文化自信是一个国家与民族发展更基本、更深沉、更持久的力量。从价值论视阈，深入探讨文化自信对促进新时代道德修养的现实化价值，侧重表现在三个方面：一是注重从严自律，具有强化道德素质价值；二是培塑修养定力，可以提升道德情操价值；三是倡导知行合一，能够完善道德人格价值。

【关键词】 文化自信；道德修养；价值；现实化

文化自信是价值论研究的重大课题之一，对社会及各方面发展均有极大影响。十八大以来，党中央明确提出要坚持中国特色社会主义道路自信、理论自信、制度自信、文化自信，而文化自信是基础，中华文化渗透到中国人的骨髓里，是中国人的文化DNA。党的十九大报告进一步指出：坚持文化自信，"加强思想道德建设。人民有信仰，国家有力量，民族有希望。要提高人民思想觉悟、道德水准、文明素养，提高全社会文明程度"[①]。深入探讨文化自信对促进人们品德修养的现实化价值，对拓展价值论理论学习与研究领域，提高文化软实力，进一步贯彻落实十九大精神，颇有必要。

---

[*] 唐志龙，国防大学政治学院教授，博士生导师，主要研究方向为马克思主义理论。
[①] 《中国共产党第十九次全国代表大会文件汇编》，人民出版社，2017，第34页。

一 注重从严自律，强化道德素质价值

在我们党的历史上，一贯强调要继承弘扬中华民族传统美德，搞好继承、创新和转化，强调要突出品德修养以提升个人身心素质。用梁启超的话讲，"重点还是私德"。新时代里，习近平多次要求，"面对纷繁复杂的社会现实，党员干部特别是领导干部务必把加强品德修养作为十分重要的人生必修课"①。全党全国人民必须坚持文化自信，注重加强道德建设，形成道德规范，树立道德理想，讲道德，遵道德，守道德。除了一些公德上的要求，具体落实重点仍在个人品德素养上。也就是说，最终要指向我们成为什么样的人，怎么做人，投射出文化自信推动道德建设的实践价值诉求。

众所周知，坚持文化自信对加强道德修养有重要的基础性价值。党的十九大报告明确指出："中国特色社会主义文化，源自于中华民族五千多年文明历史所孕育的中华优秀传统文化，熔铸于党领导人民在革命、建设、改革中创造的革命文化和社会主义先进文化，植根于中国特色社会主义伟大实践。"② 显然，文化自信具有密切联系的三个层面内容，即对中华优秀传统文化、革命文化和社会主义先进文化的高度自觉。它们积淀着中华民族最深层的精神追求，代表着中华民族独特的精神标识，开拓了我们文化自信的深厚源泉，奠定着道德建设的价值基石。习近平多次阐明："中国优秀传统文化的丰富哲学思想、人文精神、教化思想、道德理念等，可以为人们认识和改造世界提供有益启迪，可以为治国理政提供有益启示，也可以为道德建设提供有益启发。"③ 可见，我国道德建设离不开坚持文化自信这个更基本、更深沉、更持久力量的推动，也为加强道德修养提供了内在依据和底蕴诠释。

历史与现实反复证明，良好道德无论对个人还是对他人与社会，都处于基础性地位，做人做事做官第一位者当是崇德修身。我国古人十分讲究

---

① 《深化改革发挥优势创新思路统筹兼顾 确保经济持续健康发展社会和谐稳定》，《人民日报》2014 年 5 月 11 日。
② 《中国共产党第十九次全国代表大会文件汇编》，人民出版社，2017，第 33 页。
③ 习近平：《在纪念孔子诞辰 2565 周年国际学术研讨会暨国际儒学联合会第五届会员大会开幕会上的讲话》，《人民日报》2014 年 9 月 25 日。

"修齐治平",即修身、齐家、治国、平天下的要求,也是将"修德"放在首位。人民群众特别是党员、干部涵养道德的路径很多,总原则是按照"有品德"的时代要求修身立德,达到"德才兼备,以德为先"。实践中坚持文化自信进行自觉修养,具体表现为两个紧密联系的维度。一是内向维度:实现道德内化。即个体在社会实践中通过学习、选择与价值认同,将社会外在的道德目标、价值观、道德规范与行为方式等转化为自身内在的行为准则与价值目标,形成相应的个体道德素质。道德内化的过程,同时也是个体道德心理诸要素相互作用、道德品质整合生成的过程。在此过程中,个体的道德理性、道德情感与道德信念相辅相成,发挥各自的积极功能,促进着个体道德品质的内化生成。二是外向维度:化为现实指导。即内在的道德素质一经形成,个体就会凭借这一精神支柱从自我完善的角度,排除种种干扰,自觉进行道德规范行为,外化为正确的道德实践,即变他律为自律,实现他律与自律的有机结合。两个维度现实统一,达到"慎独慎微"。中国传统文化中的"慎独",指个人在独处时也能谨慎遵守道德原则,即善于自制,有"君子人格"之风。刘少奇在《论共产党员的修养》中指出,一个好的共产党员,"即使在他个人独立工作、无人监督、有做各种坏事的可能的时候,他能够'慎独',不做任何坏事"①。"慎微"则指坚持做好小事,管好小节。古人说:"天下难事,必作于易;天下大事,必作于细。"② 习近平多次指出:"'不矜细行,终累大德。'各级干部要从我做起、从小事做起,带头坚守正道、弘扬正气,努力营造良好从政环境。"③

显然,要达到慎独慎微的至高境界,必须练就强大的严于律己能力。许多人特别是党员、干部犯错误的一个重要原因就是缺乏这种能力,管不住自己的非分之想,由贪图生活享受、侥幸心理等"小节"逐渐堕落为铤而走险、以身试法,做出各种违法乱纪之事,导致"大节"失措,成为罪人。习近平指出:"修德,既要立意高远,又要立足平时。要立志报效祖国、服务人民,这是大德,养大德者方可成大业。同时,还得从做好小事、

---

① 《刘少奇选集》上卷,人民出版社,1981,第133页。
② 《老子·六十三章》,上海古籍出版社,2013,第162页。
③ 习近平:《在党的群众路线教育实践活动总结大会上的讲话》,《人民日报》2014年10月9日。

管好小节开始起步,'见善则迁,有过则改',踏踏实实修好公德、私德,学会劳动、学会勤俭、学会感恩、学会助人、学会谦让、学会宽容、学会自省、学会自律。"他同时强调:"严以律己,就是要心存敬畏、手握戒尺,慎独慎微、勤于自省,遵守党纪国法,做到为政清廉。"① 人们在实践中修养道德,必须模范遵守基本道德规范,包括社会公德、职业道德、家庭美德、个人品德等。它们是社会生活中形成、公民应当一体遵循的行为准则,党员、干部更要走在前列、做好表率,努力做人格伟大、道德高尚之人。

二 培塑修养定力,提升道德情操价值

坚持文化自信修养品德还要注重长期坚持,努力培塑定力,才能有效提升道德情操价值。道德情操的养成绝非一日之功,更非一蹴而就。要坚持由易到难、由近及远,努力把道德情操要求变成个人行为准则,进而形成自觉奉行的信念理念。习近平告诫说:"不要顺利的时候,看山是山、看水是水,一遇到挫折,就怀疑动摇,看山不是山、看水不是水了。"② 因此,道德建设永远在路上,道德修养必须"长期坚持,久久为功",要有定力。

定力为禅语,是佛法之中枢,也是修行之关键。"有定力者,正念坚固、心地清净,不随物流、不为境转,光明磊落、坦荡无私,假象难惑、名利难诱,定学修持到一定程度自然开慧。"③ 在党的领导人中,明确提出和使用"定力"概念者当属习近平。近年来,习近平在讲内政、外交、党建、经济等多个场合,反复运用了"定力"一词。他要求大家看大势,有长远眼光,不能因一时利益、情绪的变化而改变既定目标与方向,多用于指导经济建设,也常用在工作指导和道德修养上。早在1990年,习近平就在《从政杂谈》中指出,青年干部有四忌:急于求成、自以为是、朝令夕改、眼高手低。他告诫说:作出决策之前,先兼听各种意见,深入了解所面临问题的本质,找出其规律,谋而后断;一旦作出决议,在解决问题过程

---

① 《习近平李克强张德江刘云山王岐山张高丽分别参加全国人大会议一些代表团审议》,《人民日报》2014年3月10日。
② 《习近平谈治国理政》,外文出版社,2014,第174页。
③ 唐志龙:《加强党的政治建设必须保持战略定力》,《学习论坛》2019年第3期。

没有结束之前,不作主体更改。因此,习近平所说"定力",外延广泛,包括政治定力、前进定力、战略定力、目标定力、纪律定力、拒腐定力、道德定力等,是各领域包括加强道德修养之必备条件。为此,党中央明确要求:"坚持'三严三实',大力弘扬忠诚老实、公道正派、实事求是、清正廉洁等价值观,充分利用各类爱国主义教育基地和党性教育基地对广大党员干部进行教育和熏陶,增强党员干部的政治定力、纪律定力、道德定力、拒腐定力。"①

可见,道德定力是人们特别是党员、干部在锤炼做人为官优良品行过程中,具有的坚定不移决心与矢志不移信念。换言之,人们根据要求一旦确定好自身道德修养计划,实践中就要处变不惊,强权不屈,遇腐不乱,财色不迷,始终恪守养德目标不动摇,在名、利等诱惑面前潜静涵养道德定力,达到心存敬畏,行有所止,实现《大学》所讲的"知止而后有定"。习近平指出:"干部要想行得端、走得正,就必须涵养道德操守,明礼诚信,怀德自重,保持严肃的生活作风、培养健康的生活情趣,特别是要增强自制力,做到慎独慎微。一个人廉洁自律不过关,做人就没有骨气。要牢记清廉是福、贪欲是祸的道理,树立正确的权力观、地位观、利益观,任何时候都要稳得住心神、管得住行为、守得住清白。"②他强调:"领导干部特别是高级干部要明大德、守公德、严私德,做廉洁自律、廉洁用权、廉洁齐家的模范。要扎紧制度的篱笆,发挥巡视利剑作用,推动全面从严治党向基层延伸,让人民群众真正感受到,清正干部、清廉政府、清明政治就在身边、就在眼前。"③

应该明白,上述要求不仅是对党员、干部所说,也是对所有有志于坚持文化自信加强道德修养者的共性嘱托。每个人一定要管住个人爱好,严肃私德,培养健康生活情趣,净化生活圈、交往圈、娱乐圈,防止成为坏人"围猎"的对象。这样才能成为一个"高尚的人,一个纯粹的人,一个

---

① 《中共中央关于加强党的政治建设的意见》,《人民日报》2019年2月27日。
② 《在常学常新中加强理论修养 在知行合一中主动担当行为》,《人民日报》2019年3月2日。
③ 《把党的政治建设作为党的根本性建设 为党不断从胜利走向胜利提供重要保证》,《人民日报》2018年7月1日。

有道德的人，一个脱离了低级趣味的人，一个有益于人民的人"①。这样，我们也才能用文化自信高尚的道德情操之笔，绘写出自己新时代的多彩人生。

三 倡导知行合一，完善道德人格价值

道不可坐论，德不能空谈。坚持文化自信加强道德建设，既要化知识为"德性"，还要化知识为"德行"，在现实化过程中达到知行合一。《论语·宪问》中孔子特地告诫学生："君子耻其言而过其行。"强调学以致用、知行统一，厌恶知行脱节、流于空谈的"假道学"，成为优秀传统文化的至理名言。大到衡量国与国之间交往、社会人际交往，小到单位、个人，无论是商业、外交，还是人情往来，知行统一、言行一致都是基本的价值标准和要求，也就是人们通常所说的讲诚信。《中庸》认为："诚者，天之道也；诚之者，人之道也。诚者，不勉而中，不思而得，从容中道，圣人也。诚之者，择善而固执之者也。"可见诚信在我国古代相当重视，是中华民族的优秀文化传统。

对广大公民来说，坚持文化自信，强化知行合一的实践，是养育正确道德价值观的根本路径。中华民族传统文化创造了无与伦比的灿烂智慧，"义利相间、以义为先""和气生财、善解能容""己所不欲，勿施于人""宽以待人、厚德载物"等文化底蕴也渗透到中国道德修养理念之中，成为人际交往中谨慎克制欲望和尊重接纳他人意愿，决不把自己不愿承担的后果强加于人的现代阐释，也成为必须正确处理个人与他人及群体关系的道德价值准则。张岱年先生指出："个人与群体的关系问题，精神生活与物质生活的关系问题，是价值观的核心问题"②。作为集合概念的群体，泛指一定的人类共同体；个人，指个体和自己。从价值观上认真解决群体利益和个体利益的关系问题，以便指导人们在实践中把握正确的价值取向，进行公允的价值评价，采取有利的价值行为，从而为道德修养提供正确的主体尺度。马克思主义阐明，价值取向必定关联到社会关系，即人的本质问题。

---

① 《毛泽东选集》第 2 卷，人民出版社，1991，第 660 页。
② 邓九平编：《张岱年哲学文选》（下），中国广播电视出版社，1999，第 482 页。

马克思指出:"人的本质并不是单个人所固有的抽象物。在其现实性上,它是一切社会关系的总和。"① 社会由个人组成,个人也不能脱离社会单独存在。群体与个体相互依存,群体利益并不绝对排斥个体利益,相反它还为个体利益的实现创造着条件。同样,合理正当的个体利益也不损害群体利益,个体利益的正当满足是群体利益得以发展的前提。显然,价值取向必然衍化为奉献精神与利益原则的关系问题,即坚持群体诉求和个体诉求相统一。这种统一,要求社会在道德建设中大力倡导的主导价值取向应该是既坚持群体利益,又充分尊重个体利益和注重发挥个体积极性的集体主义价值取向,使奉献精神与利益需要原则科学结合起来。党的十九大报告强调:"弘扬民族精神和时代精神,加强爱国主义、集体主义、社会主义教育,引导人们树立正确的历史观、民族观、国家观、文化观。"② 只有正确把握奉献精神和利益需要原则辩证关系,正确坚持奉献精神与利益原则相统一的人,才能在道德修养过程中使自己言行同社会发展要求相一致,实现璀璨的人生价值。

习近平指出:"武装头脑、指导实践、推动工作,落脚点在指导实践、推动工作;学懂弄通做实,落脚点在做实。要牢记空谈误国、实干兴邦的道理,坚持知行合一、真抓实干,做实干家。"③ 他特别要求年轻人:"要做起而行之的行动者、不做坐而论道的清谈客,当攻坚克难的奋斗者、不当怕见风雨的泥菩萨,在摸爬滚打中增长才干,在层层历练中积累经验。"④ 显然,在文化自信基础上达到知行合一,对进一步完善道德人格具有重要价值。人格一词来自拉丁文 persona(面具)。旧时舞台上演员大都戴有某种特殊面具,显示剧中人物角色与身份,使其既有呈现于外给观众明确印象之面目,又有经遮盖存在某些不能完全显露的自我本质,刻画出一个由表及里、身心统一而真实的个体特质。因此,人格即个性,是人类个体做人的内在素质综合性品格。我们党一贯十分关注人们特别是党员、干

---

① 《马克思恩格斯选集》第 1 卷,人民出版社,1972,第 18 页。
② 《中国共产党第十九次全国代表大会文件汇编》,人民出版社,2017,第 34 页。
③ 《在常学常新中加强理论修养　在知行合一中主动担当行为》,《人民日报》2019 年 3 月 2 日。
④ 《在常学常新中加强理论修养　在知行合一中主动担当行为》,《人民日报》2019 年 3 月 2 日。

部的人格塑造，当代人格应是在思想道德、心理素质、智能结构及行为方式上，都适应中国特色社会主义建设与全面深化改革需要的人格，凸显面向未来、面向世界、面向现代化的崭新时代风貌。

当然，对广大党员、干部来说，必须坚持文化自信，通过自觉修养努力成为自尊自律、知行合一的道德楷模，大力弘扬我们党一贯提倡的革命学风。每个党员、干部，都要自觉克服"假大空"等不正之风，认真摒弃"说一套、做一套，明一套、暗一套"的二元人格，坚决纠正个人主义、哗众取宠等错误倾向，为实现群众利益努力工作，以党员、干部的崇高人格确立良好的社会风尚，带领全社会诚实守信、言行一致、表里如一。习近平强调："共产党人拥有人格力量，才能无愧于自己的称号，才能赢得人民赞誉。"[1] 党员、干部坚持讲党性、重品行、作表率，言行一致才树立了实践榜样，也才能进一步带领亿万人民群众自觉坚持文化自信，促进道德人格价值更完美的现实化。

【执行编辑：杨　丽】

---

[1] 习近平：《在纪念邓小平同志诞辰110周年座谈会上的讲话》，《人民日报》2014年8月21日。

胡适"容忍"思想的西方理论渊源及内涵述评

黄凯锋*

【摘　要】　本文集中分析约翰·莫雷《论妥协》、约翰·穆勒《论自由》、哈耶克《通向奴役之路》等西方理论著作对胡适的影响，评述胡适关于自由主义、自由与容忍、民主政治生长条件等方面的观点和立场，认为胡适对关于自由与容忍关系的理解有其合理的一面，但正如他意识到的那样，民主政治、容忍异己等思想的成长成熟需要一个相对安定的文化生态，而他的人生选择和容忍思想的建构恰恰在战争和动荡的岁月，不免变成时代和社会大潮中的孤意。笔者认为，用容忍的理念作出微妙的判断，适当权衡和修改原则，拒绝依靠任何号称适用于所有立法环境的普遍规则，是一种有原则的审慎精神。而竞争和协商贯穿整个民主过程，任何合适的民主观念都应该同时为这两种理想留出空间。

【关键词】　容忍；自由；民主政治

在 20 世纪 20—50 年代，以"大胆假设，小心求证"的治学方法闻名

---

* 黄凯锋，上海社会科学院中国马克思主义研究所研究员，主要研究方向是哲学价值论、伦理学。

的胡适发表了一系列关于容忍和自由的观点、文章、演讲，清楚表达他与陈独秀、李大钊等早期马克思主义理论家分道扬镳后的自由主义立场。本文主要分析胡适容忍思想的西方理论渊源、内涵及局限。

一 胡适关于容忍思想的西方理论渊源

（一）《论妥协》

约翰·莫雷关于宽容、妥协的观点主要见于他的代表作《论妥协》①。这本著作所反映的是19世纪中后期英国天主教与新教、宗教与科学、权威与世俗、主流与异议之间发生激烈交锋的时代。作者对这些冲突作了冷静深刻的剖析，阐述了一条明智的化解之道——理性妥协。约翰·莫雷的《论妥协》对胡适的影响很大，该影响是通过胡适在美国求学时期的女性朋友韦莲司而间接实现的。当韦莲司与其母发生了矛盾，是应该相互容忍迁就还是各行其是呢？韦莲司征求胡适的意见，对此，胡适的回答是，按照东方人的观点，应该容忍迁就，不过要是按照约翰·穆勒（《论自由》）的观点，则应该捍卫个人的思想行为之自由。收到胡适的信后，韦莲司在回信中引用了莫雷的几句话，"不论直说不相信造成的痛苦多么大，作者以为人生当中有一种关系，而且只有这一种关系，使我们有理由要沉默，尽管在别处是应该说话的，这就是儿女与父母的关系。"②莫雷这段儿女容忍父母的言论，让胡适对莫雷产生了浓厚的兴趣。于是，他从韦莲司手中借来莫雷的这本书仔细阅读。1914年11月26日，在阅读此书时，胡适发现约翰·莫雷的思想与约翰·穆勒的思想是一脉相承的，可以说，莫雷此书是对约翰·穆勒思想的继承与发展。③同年11月6日，胡适在自己的留学日记中又记载了莫雷的相关事迹。12月7日，在给韦莲司的信中，胡适提到读《论妥协》不忍释手，给他带来了巨大乐趣。12月17日，是胡适23岁的生日。为庆祝生日，他给自己买了《论妥协》作为生日礼物。1915年1

---

① 〔英〕约翰·莫雷：《论妥协》，启蒙编译所译，上海社会科学院出版社，2014。
② 周质平：《胡适与韦莲司：深情五十年》，北京大学出版社，1998。
③ 周质平：《不思量自难忘——胡适给韦莲司的信》，安徽教育出版社，2001，第7—8页。

月 25 日，在跟杰克逊牧师交流时，胡适再次提到这本书，并且给他朗读了几个精彩的片段。①

可以说，韦莲司给胡适推荐的这本书，对胡适产生了巨大的影响。后来，他在《我的信仰》中写道："莫雷的《论妥协》（*On Compromise*），先由我的好友威廉思（即韦莲司）女士（Miss Edith Clifford Williams）介绍给我，她是一直做了左右我生命最重要的精神力量。莫雷曾教我：'一种主义，如果健全的话，是代表一种较大的便宜的。为了一时似是而非的便宜而将其放弃，乃是为小善而牺牲大善。疲弊时代，剥夺高贵的行为和向上的品格，再没有什么有这样拿得定的了。'"②

不仅如此，在给青年推荐好书时，胡适也曾多次提到这本书。1925 年 2 月 21 日，胡适在《京报副刊》上开了"青年必读书十部"，他推荐了五本英文著作。其中就有 John Stuart Mill（约翰·穆勒）的 *On Liberty*（《论自由》）和 John Morley（约翰·莫雷）的 *On Compromise*（《论妥协》）。③ 这段个人阅读的接受史，不妨看作当时中西思想交流的一个个案。

从胡适对自由主义、容忍与自由的关系、民主政治成长的条件等方面的具体论述来看，笔者认为《论妥协》的下述思想内容或多或少影响了胡适：

1. 妥协是一种审慎的技能和权利

约翰·莫雷认为，我们在实践中运用各种各样适应环境、功利算计、处事交往、从众或妥协的技能时，都受到合理理由的限制。因为凡是有最小可能性主导未来的思想学派，都在某种意义上接受了这种原则：人有自由思考和独立行动的权利，在运用理智时不过度敬畏权威，在决定生活方式时不盲目服从习俗。

笔者认为狂热者之所以声名狼藉，恰恰是由于他们拒绝让步，损害了善的事业，用不明智的办法推广自己的意见，激发了原本可以避免的偏见；他们做事不留余地，不考虑动机，没有意识到那些符合条件的原则，而若

---

① 参见周质平：《不思量自难忘——胡适给韦莲司的信》，安徽教育出版社，2001，第 4、第 11、第 17、第 24 页。
② 欧阳哲生编：《胡适文集》第一册，北京大学出版社，2013，第 15 页。
③ 参见王世家编：《青年必读书》，河南大学出版社，2006，第 5 页。

要使自己的原则实现并适用于特定的社会，本来必须遵循那些原则。而明智的做法是在形成意见时考虑再三，在表述意见时有所保留，在实现想法时谨慎持重。当然，妥协不等于懒散地顺应形势，默认将错就错，卑鄙地精于算计而不顾真相，为了暂时的利益背弃普遍原理、进行邪恶的妥协，损害永久的利益。

莫雷强调了生活实践和思想认识上妥协和宽容的必要性，并把合理的宽容态度与精于算计、顺水推舟和不负责任作了区分。这与胡适强调容忍比自由更重要并说明民主政治成长需要和平环境的观点有通达之处。

2. 妥协的两种方式

在信仰生活中，究竟承认还是否认超自然事物的启示，即使温和的说话方式也无法掩饰双方分歧的不祥征兆。一方宣称如果没有一位永恒存在、具备可理解属性的造物主，这个世界就空虚而毫无意义；而另一方坚持认为，人类有限的智力永远无法理解造物主的任何属性，无论仁慈还是善意都无法弥合理智上的分歧。无神论者如果不局限于充满仇恨地攻击细节问题，那么即使是最难应付的直言不讳的言论，对虔诚信徒的感情造成的伤害也比较少。简而言之，除了纯粹消极和完全破坏性的流派，现在所有自由思想者都能够用恰当的方式对待他们不以为然的信仰，因此耐心而无偏私的论战并非完全不可能。

由此，莫雷进一步展开他对妥协方式的分析，他认为，"合情合理的妥协是这样的：'目前我不期待你们实现这种改善，或放弃那种偏见。但是无论如何，如果情况仍未改善或遭到拒斥，那不是我的错。至少应当有一个人放弃偏见，不隐藏真实'；而不合情合理的妥协是这样的：'我无法说服你接受我的真实，因此我就假装接受你的谎言。'"①

胡适在选举问题和政治分子政治参与上的技术性考虑可能间接受到上述观点的启发。

3. 拒绝虚伪的妥协

莫雷认为，妥协不是模棱两可地脚踩两条船。"如果改革者应当拒绝保持沉默或有所保留，为什么掌握权力的人不应该同样地坚定，为什么不应

---

① 〔英〕约翰·莫雷：《论妥协》，启蒙编译所译，上海社会科学院出版社，2014，第122页。

该用权力强制别人沉默？如果异端者应该在表述意见和据此行动时毫不妥协，完全坚信自己是正确的，为什么正统派在决心根除异端观念和与众不同的生活方式时，就不应该同样毫不妥协，完全确信后者是彻底错误的？对此的回答是，无论对于正统还是异端，虚伪的妥协都同样恶劣，真诚和彻底对于真理都同样有益。"①

为了当下一些表面上的权宜之计而放弃原则，就是为了小利牺牲大善，理由只是前者比较方便得到，这就不是审慎的妥协。在完全认识自己的思想之前，我们最好等待，延迟它的实现，而不是为了确保当前的不完全胜利，就削足适履。与其遏制信念，削减原则，令它们变得虚伪而毫无价值，不如承受难以实现它们的负担。丧失高尚的行为和提升修养的欲望，是一个时代变得贫乏的最确定的标志。

胡适认为容忍是自由的条件，容忍少数派，保护他们的自由权利，是民主政治的本质。此类容忍指向的妥协肯定不是莫雷所批评的虚伪的妥协。

（二）《论自由》

从上述关于《论妥协》对胡适影响的叙述中，已经略有对《论自由》的涉及。胡适早在中国澄衷中学读书时就已读过《论自由》，当时严复将之翻译为《群己权界论》。1911年，留美的胡适订购了哈佛校长主编的"五尺丛书"，这套书中也有《论自由》，这一时期，胡适也曾读此书。1914年，胡适结识韦莲司，为其不修边幅特立独行的行为倾倒，让其想到了约翰·穆勒的那句名言："今人鲜敢为狂狷之行者，此真今世之隐患也。"② 可以说，因为韦莲司的缘故，胡适再次阅读了约翰·穆勒的《论自由》，并由此阅读了莫雷的《论妥协》，这两本书让胡适对容忍的理念有了深刻的领会。

胡适先后主持过《每周评论》《努力周报》《独立评论》《新月》等政治性杂志，学习吸收《论自由》一书中批评政治、讨论政治的精神以及费边学会（Fabian Society）对社会主义的研究，反对激进主张（上述二者的研究成为后来英国工党政治理论的基础）。胡适认为美国的扒粪运动是一种积极的参与政治的方式，有计划有组织地对恶势力长期作战。还有一

---

① 〔英〕约翰·莫雷：《论妥协》，启蒙编译所译，上海社会科学院出版社，2014，第139页。
② 胡适：《胡适日记全集》第一册，联经出版社，2004，第518页。

类可做之事可以效法 1944 年美国工业组织联合（Congress of Industrial Organization）的政治行动委员会（Political Action Committee），这个组织在罗斯福三任已经期满、大选在即（大局危机，人民希望他连任）做了两件事，一是鼓吹人民参加选举，踊跃投票；二是做好候选人调查，把候选人过去的言论、行为和事业成就调查清楚并予以公布，使选民提高认识水平；对他们认为坏的候选人也照猫画虎告知民众。这些行为使后来的总统大选选民人数增加到 5 000 多万（1942 年国会改选时 8 000 多万选民只有 3 000 多万参加选举）。对于知识人来说，胡适认为有三件事可做：一是以消极的研究、讨论来影响政治；二是努力扒粪，调查、揭发，总会使政治逐渐清明；三是以团体的力量做大规模的调查和教育工作，直接推动相关选举，积极促进政治发展。这些观点，比较明显受到《论自由》的影响。

晚年他还受到穆勒《论自由》中提到的"正义的愤怒"概念的影响，提出要警惕"正义的火气"，对容忍思想继续深化认识。1961 年 10 月 10 日胡适在写给苏雪林的信中谈道："正义的火气就是自己认定我自己的主张是绝对的是，而一切与我不同的见解都是错的。一切专断、武断、不容忍，摧残异己往往都从正义的火气出发的。"① 胡适在康奈尔大学读书期间，还提到康奈尔大学校友房龙那本最有名的《宽容》，此书可能对胡适的容忍理念也有一定的影响。

（三）《通向奴役之路》

胡适在 1954 年 3 月 16 日《自由中国》第 10 卷第 6 期发表《从〈到奴役之路〉（今译为〈通向奴役之路〉）说起》。基于对民主、容忍及英美民主制度的认识，胡适实际上借由此书提出了反对计划经济、反对社会主义并对社会彻底改革导致的极权表示忧虑。1954 年 2 月 22 日胡适接受《纽约时报》采访，他在谈到台湾言论自由时列举了《自由中国》连续刊登殷海光翻译的哈耶克名著《到奴役之路》（The Road to Serfdom），认为这本书的用意就是反对一切计划经济，反对一切社会主义。文中还谈到当时台湾的《中国文摘》转载了《中国经济》第 39 期的一篇文章——高叔康《资本主

---

① 林建刚：《胡适容忍理念的形成历程》，《关东学刊》2017 年第 1 期。

义的前途》，这篇文章提到哈耶克及另外一位经济学家米塞斯都反对计划经济和社会主义。胡适转述高叔康的观点，认为对资本主义应该有个重新评估，作为将来经济制度走什么方向的一面镜子。资本主义不但不会崩溃，而且还有光明的前途。胡适在这篇文章中对以往认为的"左倾是当今的一种潮流，社会主义是将来必然的趋势"之观点表示后悔。在《自由中国》的创刊号上张起钧翻译了胡适的《民主与极权的冲突》一文（1941 年 7 月胡适在美国密西根大学的讲演），认为"一切的所谓社会彻底改革的主张，必然的要领导到政治的独裁"。那时他就指出民主和极权的不同。欧洲极左和极右派两大运动的表演又是一个最好的教训。极端独裁极端专制，正是哈耶克所说的奴役之路。而民主政治最要紧的基础就是建立合法的批评制度、合法的反对政府、合法的制裁政府的机关①。可见，哈耶克的《通向奴役之路》对他后期思想产生不小影响。

二　胡适关于容忍思想的内涵

（一）对自由主义的理解

胡适关于自由主义的代表性的言论见于 1948 年 9 月 4 日在北平电台的广播词（原载 1948 年 9 月 5 日北平《世界日报》）。胡适认为，自由主义最浅显的意思是强调尊重自由。"自由"在中国古文里的意思是"由于自己"，就是不由于外力，是"自己做主"。欧洲文字里，"自由"含有"解放"之意，是从外力制裁下解放出来，才能"自己做主"。陶渊明所写"久在樊笼里，复得返自然"，这里的"自然"两个字含义等同于自由。中国古人太看重"自由""自然"中的"自"字，往往看轻外面的拘束力量，这种回向自己求内心的自由，有几种方式，一种是隐遁（逃避外力压迫），一种是梦想神仙（行动自由，变化自由）。胡适认为自由主义所讲的"自由"，主要不是那种内心境界，而是指不受外力约束压迫的权利。中国历史上曾出现过不少大胆的批评者和反抗者，从墨翟、杨朱到桓谭、王充，从范缜、傅奕、韩愈，到李贽、颜元，都是为思想信仰自由而奋斗的豪杰之士，他

---

① 参见 1953 年台北华国出版社出版的《胡适言论集》乙编。

们虽然没有扛出"争自由"的大旗,但确实也有争取某种解放的意义。胡适认为这些东方自由主义者没有抓住政治自由的特殊重要性,也始终没有走向建设民主自由的路子。而自由主义的政治意义恰恰强调政治民主——一个国家的统治权必须在大多数人民手里。他强调说明:盎格鲁撒克逊民族对近代民主政治贡献良多,代议制则是英国人的贡献(1295 年),成文而可以修改的宪法是英美人的创制(1215 年大宪章,1789 年美国宪法),无记名投票由澳大利亚(1856 年)开启。自由主义在 200 年的演进史上还有一个特殊的空前的政治意义,就是容忍反对党,保障少数人的自由权利。

在近代民主国家里,容忍反对党,保障少数人的权利,就已成为当然的政治作风。胡适去看望当时在费城的历史教授比尔先生,他已 80 岁,对胡适说:"我年纪越大,越觉得容忍比自由还更重要"。胡适作了如下解释:容忍就是自由的根源,没有容忍,就没有自由可说。多数人若不能容忍少数人的思想信仰,少数人当然就没有思想信仰的自由,反过来少数人也要容忍多数人的思想自由。因此,现代自由主义还含有"和平改革"的意思。所谓"和平改革",第一就是和平地转移政权,第二是用立法的办法,一步步具体改革。反对党的对立,是为政府树立最严格的批评监督机关,使人民可以有选择的机会,使国家可以用法定的和平方式来转移政权。近代最重大的政治变迁莫过于英国工党的执掌政权。胡适具体解释道:50 多年前,工党只选出了十几个议员,30 年后,工党两次执政,但还站不长久,到了 1945 年战争胜利,工党得到了绝对多数选票,至少在 5 年之内,他们可以放手改革英国工商业,这样重大的变化——从资本主义的英国变到社会主义的英国,不用流血,不用武装革命,而是靠容忍反对党的雅量,依靠保障少数人自由权利的政治制度。胡适考虑到自由主义在历史上有解除束缚的作用,也承认有时不能避免流血事件,但认为在民主政治已经走上轨道的国家里,自由与容忍铺就和平改革的大路。

总之,在胡适看来,自由主义主要有四层含义——自由、民主、容忍反对党、和平的渐进的改革。

(二)对容忍与自由关系的认识

胡适关于容忍与自由关系的论述主要见于其发表在 1959 年 12 月 1 日

《自由中国》第21卷第11期的《容忍与自由》一文中。他认为容忍的态度比自由更重要，也更根本。容忍是自由的根本。人们往往都相信自己的想法是不错的，信仰也是没有问题的，这是一切不容忍的根源。如果社会上有权有势的人都感觉到他们的信仰不会错，他们就不许别人信仰自由，思想自由，言论自由。毛之水先生随后有对胡适《容忍与自由》一文的评论，认为这个思想背后有一个哲学基础，引述胡适1946年在北京大学任校长开学典礼上的讲话，其中谈及宋朝大学问家吕伯恭的"善未易明，理未易察"。所有一切保障自由的法律和制度，都可以说是建立在"理未易明"上，这个哲学基础在胡适推崇的穆勒的《论自由》第二章中也有表述：言论自由为一切自由的根本，同时又认为我们大家都得承认我们认为是"真理"的，我们认为"是的"，我们认为"最好的"，不一定就是那样的。凡宗教所提倡的教条，社会上所崇尚的道德，政府所谓对的东西，可能是错的，可能是没有价值的，你要去压迫和毁灭的东西，可能就是真理。殷海光在回应胡适关于《容忍与自由》一文时举了法国革命的例子。法国革命之初，大家都主张自由，但革命还没有完全成功，罗伯斯比尔在争到政权后，就完全用不容忍的态度对付反对他的人，尤其是旧日皇族。仅巴黎一地，上断头台的就有2 500人之多，形成法国大革命期间的恐怖政治。究其根源，还是因为没有容忍。胡适还在文中举了陈独秀的例子，陈独秀主张：中国文学一定要拿白话文做正宗；我们的主张绝对的是，不许任何人有讨论的余地。胡适认为那种"绝对的是"的态度，是要不得的，他也主张白话文，但觉得陈独秀那种不能容忍的态度容易引起反感。"争自由的唯一理由，换句话说，就是期望大家能容忍异己的意见与信仰。凡不承认异己者的自由的人，就不配争自由，就不配谈自由。"① 所以，胡适同意《自由中国》主持人雷儆寰先生所坚持的立场：以负责的态度说有分际的话。做到容忍、克己，加强自我训练，有几分证据说几分话。

（三）对民主政治生长条件的认识

这方面的相关论述见于胡适发表于1953年1月2日台北《中央日报》

---

① 胡适：《胡适全集》第23卷，安徽教育出版社，2003，第476—477页。

上的文章。他认为，英国是不成文宪法的国家，它的所谓宪法，完全是几百年来许多大政治家、立法者和大法官留下的传统习惯，在国会的上下两院养成，这些留下来的习惯和遗风，就成了所谓的英国宪法。历史的教训告诉我们，民主制度不太容易在战争的环境中或有战争威胁的气氛中建成，民主政治需要一种保障，一种和平的保障。法国处在欧洲大陆，不容易有一个安定的局面，时刻需要顾及四周国家的侵略，随时有大战的危险，而英国地处英伦三岛，和欧洲大陆相隔一个英吉利海峡，是安全的重要保障，在1200年以来的800年中基本没有外患，可以继续发展其民主政治。虽偶有摧残，大致可以持续发展。至于美国，在没有发现太平洋之前，大西洋还是美国的重要保障，美国独立后的一百六七十年间，虽有1812年和英国的战争，1861年的内战，以及此后的小战争，但毕竟没有大的内战，没有被侵略的战争，能够持续不断地培养和发展民主政治。太平洋南部的澳大利亚和纽西兰，也是民主的发祥地，除了无记名投票，全世界公认的妇女参政和劳工参政，最早就在这两地发生，然后才普及于全世界。这里四面临海，于外界格局，免于侵略和战争威胁。由此可见，民主政治经不起外来的征服和战争的威胁，需要有和平安全的保障。在安全时期慢慢奠定民主政治的基础后反过来又成为保障和平的一种力量。1815到1894年的99年间美国成为全世界保障和平的大力量。

  平心而论，胡适的这些思想，受西方自由主义影响甚多，虽有中国传统文化资源的借鉴，但总体上体现西学理论和实践作用下部分知识人的一种价值取向。单纯就对自由主义的理论认识而言，胡适关于宽容的理解有其合理的一面，问题在于：正如他意识到的那样，民主政治、容忍异己等理性智慧需要一个相对安定的文化生态，而他所处的时代并非安定，他的人生选择和容忍思想的建构恰恰在战争和动荡的岁月，不免变成时代和社会大潮中的孤意。倒是中国共产党冲破阻碍，通过政治协商等方式建立人民共和国的实践无意中为这种宽容思想作了另外一种路向的注释。

三　延伸思考

  宽容、容忍可能导致的一个结果就是妥协。值得进一步延伸思考的是妥协的必要性、人们对此的矛盾心理以及可能的边界和限制。

从抽象的理论上分析，应该存在纯粹的双赢解决方案，但在现实中可能只是奢望，而妥协倒是常有的状态和结果。①

在西方民主制度发展过程中，我们可以发现妥协理念在竞选和治理中不同的命运。作出无条件的承诺、不妥协、败坏政敌的具有妥协精神的人把双方的牺牲看成一种机会，既非固执地坚持原则又非放弃原则仅仅达成协议。用妥协的理念作出微妙的判断，适当权衡和修改原则，拒绝依靠任何号称适用于所有立法环境的普遍规则，是一种有原则的审慎精神。妥协还意味着互相尊重，是容许意见不一致的一种形式名声，让候选人能够充满激情地表达自己在重要议题上的立场，并且与自己的政敌划清界限，已成为竞选制度中必需的因素，而且也是民主程序的一个合法部分。因为竞选是互相竞争的遭遇战，不是互相合作的企业。这种竞争产生零和的结果，没有双赢的解决方案的机会。但是转到治理方面，选举出来的领导人如果想办成任何事情，都不得不采纳妥协的理念，他们必须尊重对手以便立法时合作。在现实的政治生活中，对妥协的态度取决于党派在某个特定时期的力量对比、所涉及的特等议题以及做出判断的个人理念。而在政治协商中，最普遍的现象是一边赞扬妥协的思想，一边抗拒实现它。无论如何，妥协是民主政治在现状之上得到改善的主要手段。②

当然，妥协也有其限制。在民主政治中，不容妥协理念发挥作用的领域远非竞选活动。在社会运动、政治抗议、游行示威和政治积极分子的组织中以及政府的代理活动中，不容妥协的政治也拥有重要地位。如果在达成妥协的过程中，各方没有显示出最低限度的互相尊重——使用了不适当的威胁、欺骗、单方或双方的幕后操纵等手段，那么后果就是人们不仅会批评而且会拒斥协议（即使它能产生比现状更好的政策）；如果妥协的过程涉及不正当的压力，就可能激发起更严重的对立分化，久而久之会削弱民主合作的包容力，使未来的妥协变得越来越困难。退一万步说，妥协可能

---

① 〔美〕艾米·戈特曼、丹尼斯·汤普森：《妥协的精神：为何治理需要它而竞选破坏它》，启蒙编译所译，上海社会科学院出版社，2014，第82页。
② 〔美〕艾米·戈特曼、丹尼斯·汤普森：《妥协的精神》，启蒙编译所译，上海社会科学院出版社，2014，第122—124页。

产生的良好后果压倒了不公正的残余,却没有消除不公正。

从更加辩证的角度去分析,其实,妥协要依靠对民主的协商和竞争两方面作用的充分领会。有学者认为,虽然竞选活动对治理的侵扰有些过度,但也应反对从治理中彻底排除竞选心态的尝试。简单按照竞选与治理中已有的观念各就其位——竞争观念用于竞选,妥协(协商)观念用于治理,那也未必可取。竞争和协商都贯穿整个民主过程,任何合适的民主观念都应该同时为两种理想留出空间。① 谁也不是永远正确的神明(如果有神明的话),将宽容、妥协的理念纳入追求真理、创造价值的路途中,以民主协商和票决等多种形式实现社会和国家治理,应该是人类文明共有的理性智慧。

【执行编辑:杨 丽】

---

① 〔美〕艾米·戈特曼、丹尼斯·汤普森:《妥协的精神》,启蒙编译所译,上海社会科学院出版社,2014,第129页。

社会理论的三条进路与马克思的超越[*]

吕敬美[**]

【摘　要】　社会理论是社会学家直面现代性问题的理论产物。现代性的基本主题是现实个人、市民社会与政治国家的关系问题。围绕着这一关系问题,社会理论的进路大致可以划分为以下三条:其一,建基于原子个人及其个人理性的个人主义进路;其二,建基于民族国家及其国家理性的国家主义进路;其三,建基于社会关系中的现实个人及其公共理性的社会主义进路。马克思社会理论遵循着最后一条进路,因主张"每个人的自由发展是一切人的自由发展的条件",而在对话中达成了对前两条理论进路的批判和超越。

【关键词】　社会理论;个人主义进路;国家主义进路;社会主义进路

---

[*]　本文系贵州省2017年哲学社会科学规划一般课题"当代中国主流意识形态日常生活化问题研究"(17GZYB17)、2018年贵州省教育厅高校人文社会科学思政课项目"意识形态教育对贵州高校学生社会心态的影响研究"(2018szk22)、2019年贵州省共青团研究课题重点项目"贵州高校学生的主流意识形态认同研究"(黔青研20190219)阶段性研究成果。

[**]　吕敬美,贵州师范大学马克思主义学院副教授,主要研究方向为马克思主义哲学、现代性社会理论。

正如理查德·拉赫曼所说，所有社会学的本质特征都在于关注现代性的形成与转变①，社会理论也不例外。换句话说，现代性问题是社会理论的基本主题，无论是马克斯·韦伯所探索的理解社会学，还是涂尔干所奠基的实证社会学，抑或是马克思所开创的批判社会学，无不分享了这一主题。马克思在年龄上稍长于前二者，与前二者对现代性社会问题的现实指陈和解决方案也有区别。由于其独特的学术旨趣，马克思社会理论通过分析在政治国家、市民社会处境中生存的现实个人，追问了资本主义社会何以可能的政治经济学根源，进而把价值旨趣指向人类解放的共产主义社会。那么，作为一种类型的社会理论，其具体进路是如何成为可能的呢？

一 社会理论的个人主义进路及其主张

由于篇幅所限，本文并不打算对社会理论的三条进路作知识考古学式的详细论述，而只是在理想类型的意义上划分社会理论的三条进路并对其主张作必要的理论分析，进而呈现其异质的理论旨趣。众所周知，社会理论所直面的是社会问题。诚如鲍桑葵所言："个人与社会的关系是一切社会问题的根源。"② 显然，社会理论作为晚近的思想产物，也把理论的靶子投向社会问题的根源即个人与社会的关系。一般地说，现代社会包括政治社会（即狭隘意义上的国家，或者政治国家）与市民社会（即狭隘意义上的社会，或者经济社会）。正是基于此，个人与社会的关系就细化和复杂化为个人、社会与国家的关系。

自文艺复兴对"人的发现"以来，特别是笛卡尔对自我的奠基之后，自我的价值就得到空前的凸显。这即是说，笛卡尔打破了中世纪经院哲学对理性的禁锢，从而提高了自我在宇宙中的地位，高扬了人的主观能动性。人走出中世纪之后，便慢慢发现了个体自我。在现代社会，"一切意义的缔造者都是个人自我"，一切"意义及社会可能性的基础是个人"。③ 现代性作

---

① 〔美〕理查德·拉赫曼：《历史社会学概论》，赵莉妍译，商务印书馆，2017，第136页。
② 〔英〕鲍桑葵：《关于国家的哲学理论》，汪淑钧译，商务印书馆，1995，第78页。
③ 〔美〕大卫·库尔珀：《纯粹现代性批判——黑格尔、海德格尔及以后》，臧佩洪译，商务印书馆，2004，第32—33页。

为现代社会的特质，其主体性原则因理性的扩展和自我的提升而愈益明显，具体表现为个人主义与民族国家最强劲的政治诉求，即独立自主。换句话说，主体性原则既体现在个人自我的觉醒，也体现在民族国家的诞生。因此，围绕着个人，现代国家的一系列体制机制也应运而生。

诚然，发现个体自我乃是现代性以来的事情，但是个体自我的观念在古希腊也能找到原型。比如，普罗泰戈拉的"人是万物的尺度"中的"人"指的就是"个人"。虽然个体自我的观念曾试图"解开公共意识、信仰、道德的旧的枷锁，愈益以无政府状态的危机威胁着早期的希腊文明"[①]，但是中世纪竭力用神学专制来稀释个人主义的硫酸。及至欧洲中世纪晚期，思想文化领域展开了一场反封建、反神学的思想解放运动，史称"文艺复兴"（Renaissance）。这种复兴的一部分就是个体自我的发现。这个时期有以下三大特点：其一，高扬人活着的尊严；其二，倡导个性的自由与发展；其三，追求尘世的幸福与享乐。文艺复兴时期还远远不是将必定产生一种真正的个人主义的世俗时代，但显然为世俗化进程的开始准备好了所有必要条件。[②] 尽管文艺复兴开启了发现个人自我的征程，但是使个人把是非善恶的绝对判断据为己有的是宗教改革。启蒙思想家主张应当用理性之光驱散宗教的蒙昧，他们甚至认为人的理性是衡量一切的尺度。正是基于此，启蒙运动的最大历史产物体现在以下两方面：一方面，宗教的权威被人自身的力量所取代；另一方面，奠定了理性在一切人类精神活动和社会事务中的主导地位。

个人自主性的愈益增强，使得人们在道德生活中愈发能够自我主宰，同时也使得社会趋于个体化。个人从家庭和集团束缚的罗网中分离开来，代之而起的是社会契约。这使得现实生活中个人与个人之间的契约关系获得长足进展，这种进展的直接理论反映就是社会契约论。对个体自我的发现最终走向个人主义（individualism），这种观念立基于如下的人性假设：作为抽象的个人，人人都有既定的兴趣、愿望、目的、需要等，而社会或国家则是满足它们的工具或手段。关键在于，这种抽象的个人观把决定社会

---

① 〔德〕文德尔班：《哲学史教程》上卷，罗达仁译，商务印书馆，1987，第38页。
② 〔捷〕丹尼尔·沙拉汉：《个人主义的谱系》，储智勇译，吉林出版集团有限责任公司，2009，第79页。

安排所要达到目标的如个人特征——本能、才能、需要、欲望、权利等——都设想为既定的、独立于社会环境的。这种抽象的个人观把个人看作仅仅是上述特征的负载者，而且上述既定的"抽象特征决定着他的行为，表达了他的兴趣、需要和权利"①。这种抽象的个人观建基于原子个人及其个人理性（individual reason）之上，所谓个人理性并非专属于某个人之独特思维方式，而是普遍地为每个人所有的从个人出发、为个人着想、以个人为准、把个人利益最大化的理性思维方式。正是基于此，个人主义价值观往往主张，"社会是由自治的、平等的单元即单一的个人组成，归根结底，这样的个人比任何更大的多人组合式团体更加重要"②。

实际上，个人主义往往表现在社会生活的多方面。首先，个人主义在经济上的表现，即经济个人主义。作为一种学说，个人主义认为个人的行为就足以提供社会经济组织的原则，实现社会进步离不开个人自由发展。而要做到这一点，经济自由（即企业自由）和私有财产不可或缺。因其才能的不同，每个人都在与别人的竞争中尽最大努力来发展他们自己。"因此，作为一种制度，个人主义乃是自由贸易制度，是竞争的制度，是私有财产的制度。"③ 其次，个人主义在政治法律上的表现，即政治个人主义。前面我们所阐述的社会契约论基本上都持有这种信念，即政府及其法律是建立在公民个人同意的基础上的，其目的在于满足个人需要，实现个人利益，保障个人权利。最后，在宗教伦理上的表现，即伦理个人主义。这种个人主义或者把一己的趋乐避苦作为道德目标，或者主张个人俨然一个小上帝在道德领域自我主宰，或者在宗教上主张个人不需要教会或传教士的中介而与上帝直接交流。

个人主义的高度发展导致集体价值观的日益衰落，这可谓个人主义的负面效果之一。霍布斯鲍姆认为，个人主义与自由市场的逻辑相适应，使人从属于经济，进而"损害和败坏了组成社会的人与人之间的关系，造成了道德真空，除了眼前的个人需要之外，一切都微不足道"④。正是立足于

---

① 〔英〕史蒂文·卢克斯：《个人主义》，阎克文译，江苏人民出版社，2001，第68页。
② 〔英〕艾伦·麦克法兰：《英国个人主义的起源》，管可秾译，商务印书馆，2008，第11页。
③ 〔英〕史蒂文·卢克斯：《个人主义》，阎克文译，江苏人民出版社，2001，第83页。
④ 〔英〕霍布斯鲍姆：《摆脱困境——社会主义仍然富有生命力》，《现代外国哲学社会科学文摘》1992年第1期。

原子个人,在苏格兰启蒙思想家如斯密、李嘉图等所主张的个人主义的强劲推动下,英国建立了适合资产者的政治社会体制。这种社会模型是围绕着"经济人"而建构起来的,即社会秩序是由个人追求一己的私人利益最大化而无意识地造成的。在那里,"公共自由或我们所称的政治自由(其性质的确依赖于政府形式,但其为部分或所有公民所共有)只具有辅助性的或工具性的重要性,因为其重要性只在于强化个人的自由"①。如果说苏格兰学派尤其是斯密力图用个人利益来制约激情,对助长市民社会的气焰效果明显,那么他尝试着用道德情操来遏制这种气焰,则难免乏力。因为在斯密那里,传统的政治问题转变成为一系列经济问题的呈现②,这就使得社会的政治维度不可避免地滑落了。

在社会契约论的视野中,正是上述的原子个人构成了现代市民社会的细胞。也是基于此,卢梭原本想把"社会契约论"题名为"论市民社会"以表明自己对市民社会的诊断,即单纯以个人占有为中心的市民社会存在诸多弊端。不过,他想通过社会契约论打造出一个政治与社会合一的社会模型,以解决苏格兰学派所面对的社会的政治维度滑落的问题,因此最终在书名上取前者而弃后者。在卢梭看来,只有让资产者成为公民,才能真正实现自由和平等,否则市民社会中的人只会走向堕落。因为市民社会以商业为基础,自然就有雇主和雇工,从而造成社会不平等现象。那里聚集着自私自利的商人,他们往往为了自己的利益而剥削他人。正是基于此,卢梭主张用政治国家来整合市民社会,即从自然状态出发,把社会分解为个人,订立契约,建立国家。然而,国家既立,社会的维度就消失了③。

应该指出,个人主义作为一种建基于原子个人及其个人理性的生活方式及其价值观念,并非这个世界从来就有的。从自主个人到个人主义,这乃是一个现代性事件。如前所述,由于对个体自我的强调使得个人主义成为现代性主流话语,而个人主义的观念反过来加剧了对原子个人的抽象化理解。基于此,人类,或者至少是属于某一政治共同体或政治社会的人就

---

① 〔英〕唐纳德·温奇:《亚当·斯密的政治学》,褚平译,译林出版社,2010,第37页。
② 〔美〕约瑟夫·克罗普西:《国体与经体:对亚当·斯密原理的进一步思考》,邓文正译,上海人民出版社,2005。
③ 王焱主编:《社会理论的两种传统》,生活·读书·新知三联书店,2012,写在前面第5—9页。

愈发分解为无数彼此竞争的个人，这种现代社会的高度分化现象就是社会的个体化①。

二 社会理论的国家主义进路及其主张

正是社会个体化现象进一步催发了民族自我意识的觉醒。原因在于，为了解决此一现象所指向的社会无政府状态，处于诞生或发展进程中的民族国家寄希望于国家理性对个人的整合和凝聚。这一希望引导下的直接极端后果即是迈向一种国家主义的制度安排。自现代以来，单个个人脱离了原本终身相守的前国家形态的集体组织（如氏族、部落等），国家一跃为最重要的维持生存的单位，进而"国家开始对国家的个体成员拥有广泛的支配权"②。这种支配权涉及国家治理技术，而后者乃是不断强化国家理性（reason of state）③ 的产物。国家理性作为一个政治术语，在现代政治思想史上扮演着重要的角色。因为它代表着现代国家观念的诞生，标志着一种新的政治态度。据考证，文艺复兴时期意大利的圭恰迪尼在其著作《关于佛罗伦萨政府的对话》中第一次使用"国家理性"（其意大利语是 ragione di stato），他主张国家理性应该关注基督教道德的公共利益。这标志着国家利益观从道德自觉到利益自觉的转变。法国思想家乔瓦尼·博泰罗更是在1589年出版了《论"国家理性"》一书。他认为，国家理性是"关于如何创立、维持和扩展一个国家的手段的知识"。在该书的附录里，他毫无保留地承认国家利益与君主的自我利益并无二致。一言以蔽之，所谓"国家理性"不过是"利益理性"。

必须指出的是，把"reason of state"翻译成"国家理由"而不是"国家理性"，确实是彰显了该词与国家利益的联系。但与此同时，这种译法遮

---

① 〔德〕乌尔里希·贝克、伊丽莎白·贝克—格恩斯海姆：《个体化》，李荣山等译，北京大学出版社，2011；〔英〕齐格蒙特·鲍曼：《个体化社会》，范祥涛译，上海三联书店，2002。

② 〔德〕诺贝特·埃利亚斯：《个体的社会》，翟三江、陆兴华译，译林出版社，2008，第242页。

③ 周保巍：《"国家理由"还是"国家理性"——思想史脉络中"reason of state"》，《学海》2010年第5期。

蔽了原本可以敞开的历史视野：作为一种政治观念和政治自觉，"reason of state"的出现是与现代早期整个西方世界的理性化进程紧密地结合在一起的，它的出现意味着一种新型的理性观的出现，意味着传统的道德理性的消失，意味着作为工具理性的国家理性的兴起，以及在此过程中一种新的政治观的出现，其标志是政治与道德的分野。这种分野就是所谓政治的去道德化和道德的去政治化。因此，把"reason of state"翻译为"国家理性"有利于展现其规范尺度，即上文提到的——限制国家以使其具有理性，而正是在此意义上，现代性进程中的国家理性才可谓异化为工具理性，从而与现实主义的政治利益相联盟，以至于"国家理性"一词"被用来描述 17 世纪的权势政治的特殊精神"①。基于此，我们赞成把"reason of state"翻译为"国家理性"。毕竟，在某种意义上，现代性的进程正是国家理性化的过程。

实质而言，国家理性作为一种新的知识和伦理，是关于国家行为的一套特殊规则，主张国家的利益和稳定至为重要，从而认为所有的政府行为都应该以这个目标为基准。正如迈内克在《马基雅维里主义》一书中开宗明义地说，国家理性是"民族行为的基本原理，国家的首要运动原则。它告诉政治家必须做什么来维持国家的健康和力量。国家是一种有机结构，其充分的权势只有依靠允许它以某种方式成长才能够维持，而'国家理性'为此类成长指明途径和目的"。②

在迈内克看来，第一个真正从本质上系统地阐释"国家理性"内涵的是马基雅维里。在后者那里，国家理性仅仅是这样一种原则："为了保证国家的延续，无论它要求个人做什么，对此有责任的个人都必须去做，而不管按照高贵和有德行的人自己的理解，这些行为是多么令人反感。"③ 如此立足于政治现实的国家理性观可称之为马基雅维里主义。这种观念认为，统治者以任何手段，甚至不正当的手段追求自己的利益是可以容许的。这种观念在某种意义上可称之为国家主义；相应地，马基雅维里可称为国家

---

① 〔德〕弗里德里希·迈内克：《马基雅维里主义》，时殷弘译，商务印书馆，2008，第 567 页。
② 〔德〕弗里德里希·迈内克：《马基雅维里主义》，时殷弘译，商务印书馆，2008，第 51 页。译文有改动。
③ 王焱主编：《宪政主义与现代国家》，生活·读书·新知三联书店，2003，第 4—5 页。

主义者，即"在实际政治和'国家理性'方面有经验的人"①。上述国家主义观念走出意大利，扩展到德意志，以至于在面对现实政治的整个欧洲大行其道。历史上霍布斯、斯宾诺莎、费希特、黑格尔等人，也继承和发展着这种观念，从而为其传播起到了推波助澜的作用，构成一个绝对主义国家的观念谱系。

上述国家理性观的传播背景乃是现代民族国家（nation-state）的兴起。根本而言，现代民族国家的兴起需要国家理性观的支持，反过来民族国家的兴起又促进了国家理性观的传播。16世纪之后，随着欧洲各民族国家的兴起，国家理性观便慢慢成为现代欧洲各民族国家外交中的基本原则。民族国家乃是现代的产物，而民族国家的前提是民族的存在。为了争取民族的生存，随着工业技术的发展和资产阶级势力的增长，被分割、被压迫的各民族都要求统一和独立，并形成相应的民族主义思潮。在此意义上，盖尔纳说得好："向工业主义过渡的时期也必然是一个民族主义的时期。"② 正是工业技术与资本主义的发展使得西班牙、葡萄牙、荷兰、英国等国家先后成为现代意义上的民族国家，进而走上现代化之路。不过，较为落后的德意志民族就没有那么幸运。拿破仑战争曾使得德国政治近乎崩溃，黑格尔在阅读《君主论》时曾感叹，19世纪的德意志跟马基雅维里时期意大利的政治生活极其相似，这使他对马基雅维里所创制的一个政治难题感兴趣，即"通过民族国家而形成民族统一体这个具体实践的政治难题。在意大利16世纪和德国19世纪的这个开始之间'徘徊'的历史形势的亲和性，促成了黑格尔对马基雅维利的复兴"③。这既促成了黑格尔对国家理性和国家主义的推崇，又从侧面反映了拿破仑战争给德意志造成的创伤，以至于德意志民族迫切地争取政治联合、创建一个与伟大日耳曼文化相称的民族国家④。

在黑格尔看来，作为伦理理性的整体，自在自为的国家就是自由的现

---

① 〔德〕弗里德里希·迈内克：《马基雅维里主义》，时殷弘译，商务印书馆，2008，第205页。
② 〔英〕厄内斯特·盖尔纳：《民族与民族主义》，韩红译，中央编译出版社，2002，第53页。
③ 〔法〕阿尔都塞：《哲学与政治：阿尔都塞读本》，陈越编译，吉林人民出版社，2003，第392页。
④ 〔美〕乔治·萨拜因：《政治学说史》下册，刘山等译，商务印书馆，1986，第735页。

实化；而个人自由之成为现实只是整体之中的一些环节罢了。而为了实现个人的自由，个人必须服从国家，必须把国家当作地上的神物一样崇敬。国家作为一个有机整体，是目的而不是手段，它作为独立的力量高于个人以及由单个人组成的家庭和市民社会。黑格尔把人类社会视为一个精神的有机整体，它有一个发育成长史：从主观精神到客观精神，再到绝对精神。国家作为客观精神中伦理的第三阶段，是对家庭和市民社会的扬弃。如果说家庭以自然为基础的伦理所在地是乡村，市民社会以工商业为基础的原子个人间联合的所在地是城市，那么国家则是上述两个有限环节的统一。不仅如此，国家对个人具有绝对优先性。"由于国家是客观精神，所以个人本身只有成为国家成员才具有客观性、真理性和伦理性。"① 换言之，个人只有成为国家成员才能实现其人格、自由与权利，才有生命的意义和存在的价值。

黑格尔的整体主义国家观是理性国家观，这种观念将现实理想化，从而否认理想和现实的差别。霍布豪斯看到其要害："要使个人成为国家的一部分，以削弱个性的原则；把国家推崇为人类社会最高和最后的组织形式，以削弱人性的原则。"② 在黑格尔那里，作为国家成员的个人没有独立的价值，也基本上没有自己的独立生活；国家作为一个有机整体，它本身就是目的，个人只是其手段；国家是对个人具有最高权利的最终目的，而个人的最高义务就是做国家成员，并服从国家。黑格尔反对将个人意志绝对化，反对将个人利益作为人们相互结合为国家的最终目的。可以说，这种整体主义国家观（或称之为国家主义）认为，虽然人类社会表面上看去是混乱的，但在其外表下存在着一定的结构——尤其是国家政治结构及其统御下的经济结构，包括各种约束个人的行为准则、制度和法律。而且，个人必须服从社会整体所给予的安排，投身于公共事业中去，哪怕牺牲自己的权利。极端的国家主义者甚至认为，个人作为微不足道的组成部分与整体相比没有多大价值，或者根本没有价值，他们是随时可以牺牲的对象。

---

① 〔德〕黑格尔：《法哲学原理》，范扬、张企泰译，商务印书馆，1961，第254页。
② 〔英〕L. T. 霍布豪斯：《形而上学的国家论》，汪淑均译，商务印书馆，1997，第17—18页。

三 马克思社会理论的社会
主义进路及其超越

　　如前所述，无论是苏格兰学派还是社会契约论者所主张的社会模式，都指向市民社会。这种市民社会，即是马克思所说的资产阶级社会，也即是资本主义社会，市场经济体制是其核心所在。以市场经济为核心的资本主义是现代性得到空前扩张的重要原因之一。如果说个人主义进路立基于原子个人，并向以市场经济为核心的资本主义展开，那么国家主义进路则立基于国家理性，并通过民族国家开拓疆界。二者看似相互对立和矛盾，实则从两极遥相呼应、相互勾连，组成了现代抽象社会（abstract society）。对于现代人来说，他们所生活的社会，好像变成了一个抽象的对象，需要不断加以考察、研究、反思和转变。如此一来，每个人的具体生活都是可以冷眼旁观和沉思冥想的，而作为一个被冷眼旁观的"场景"，社会成为一个一般化的抽象物。在人们的社会想象中，社会成为一架由毫无感情色彩的众多程序装配而成的机器，它可以组装、调试、修理甚至重构，在那里却没有人的任何位置。① 这种抽象社会的重要范本就是纳粹主义等极权主义，后者的出现是"因为在个人主义深深植根并占优势的社会里，试图使个人主义从属于全体性的社会的最高权力"，从而使个人主义与作为整体主义的国家主义"相互连结，组成一个整体"②。

　　当然，抽象社会的抽象性，不仅涉及各种制度中广泛采用的程序技术，而且包含着围绕"社会"所产生的各种抽象观念。③ 在抽象社会及其一系列观念中，一方面是抽象的原子个人或者对原子个人的假设，比如卢梭从个人的前提出发达到共同体，而个人又被设想为自由自主的个体，抽象的个人们达成契约而从自然状态跃到社会状态；另一方面是对整体国家的强调，如黑格尔认为，整体国家是高于市民社会的，而市民社会又高于家庭，以

---

① 李猛：《论抽象社会》，《社会学研究》1999年第1期。
② 〔法〕路易·迪蒙：《论个体主义：对现代意识形态的人类学观点》，谷方译，上海人民出版社，2003，第127页。译文有改动。
③ 李猛：《论抽象社会》，《社会学研究》1999年第1期。

及家庭中的个人即市民社会中的成员。换言之，个人必须服从国家这个抽象物，这个庞然大物。

不过，在马克思看来，通过契约来建立天生独立的主体之间的联系本身就是假象，是"大大小小的鲁滨逊一类故事所造成的美学上的假象"。然而，这不仅是假象，而且是"对于 16 世纪以来就作了准备、而在 18 世纪大踏步走向成熟的'市民社会'的预感"①。原因在于，现代市民社会中的个人（也就是 18 世纪的个人），不仅是封建社会形式解体的产物，而且是 16 世纪以来新兴生产力的产物。尽管在斯密、李嘉图等人看来，这些个人是曾在过去存在过的理想，是历史的起点，而非历史的产物。对于马克思而言，不仅市民社会中的个人是历史的产物，而且市民社会是国家的基础，是全部历史的真正发源地和舞台，而这些社会结构植根于处在社会实践中的具体的现实的个人。因此，现实的个人是一切社会组织的本质所在。显然，与抽象社会的原子个人不同，马克思看到的是历史的个人，是具体的现实的个人，是社会关系中的个人。正是基于此，才有所谓市民社会和国家。

在马克思那里，一般意义上的国家与社会常常分别用政治国家和市民社会来表征。在他看来，家庭和市民社会都是国家的现实的构成部分，是国家产生的动力和必要条件，"政治国家没有家庭的自然基础和市民社会的人为基础就不可能存在"②。其中，市民社会的成员"即自己营业的奴隶，自己以及别人的私欲的奴隶"③。可见，马克思所谓的市民社会，是一种与现代市场经济紧密相连的现代社会形式。相较而言，"国家是统治阶级的各个人借以实现其共同利益的形式，是该时代的整个市民社会获得集中表现的形式"④。在恩格斯看来，国家是社会发展到一定历史阶段的产物；一旦社会陷入不可解决的自我矛盾和不可调和的冲突，就需要有一种表面上凌驾于社会之上的力量来解决矛盾和缓和冲突；"这种从社会中产生但又自居于社会之上并且日益同社会相异化的力量，就是国家"⑤。从这个意义上来

---

① 《马克思恩格斯文集》第 8 卷，人民出版社，2009，第 5 页。
② 《马克思恩格斯全集》第 3 卷，人民出版社，2002，第 12 页。
③ 《马克思恩格斯全集》第 2 卷，人民出版社，1957，第 145 页。
④ 《马克思恩格斯文集》第 1 卷，人民出版社，2009，第 584 页。
⑤ 《马克思恩格斯文集》第 4 卷，人民出版社，2009，第 189 页。

说，国家主要是指高居于社会之上的政治权力机构和社会管理系统。

现代性的一个重要的标志就是政治国家与市民社会的分离。怎样才能使得国家和社会真正地统一呢？唯一的途径只有民主制的实现。究其实质，民主制的实现乃是社会对政治的普遍参与，以致国家权力回归社会而由社会自行掌握。这就需要，一方面，无产阶级把资产阶级推下历史舞台，建立无产阶级政权；另一方面，吸引广大的人民群众参加国家政治管理，让国家各项职能逐渐回归社会。因此，马克思说："把靠社会供养而又阻碍社会自由发展的国家这个寄生赘瘤迄今所夺去的一切力量，归还给社会机体。"[①] 实质而言，马克思所展望的"国家消亡"就正是从这个意义上来说的。

总的来说，马克思社会理论的进路展现出超越个人主义进路和国家主义进路的特质：一方面，从现实的关系中的个人出发，认为市民社会决定政治国家；另一方面，把国家权力归还给社会，进而统一国家与社会以克服二者的现代分离。个人主义和国家主义都是现代社会以来社会理论的传统进路，而且是韦伯理想类型意义上的进路。如果说个人主义宣称不存在什么社会，只有彼此互动的个体，那么国家主义则主张要把国家系统理解为有机整体，这个具有一定结构并组织有序的整体不能还原为各部分的综合，尤其是不能还原为个体成员的行动。马克思社会理论旨在对现代资产阶级社会这一市民社会典型形态进行发现、批判与重构，其基本主题集中在现实个人、市民社会与政治国家的问题上。正是围绕着这一主题，马克思展示了自己颇具革命性意味的社会想象。这一社会秩序的想象，即自由人的联合体，既着力于现实个人又超越历史上出现的个人，既立足于团体生活又摆脱了过去对团体组织的依赖。

马克思把现实的个人视作社会运动的主体，视作历史过程的出发点，其社会理论的独特进路既不是个人主义的，也不是国家主义的，而是对二者的扬弃或综合。就其强调从个人出发来说，他吸收了个人主义进路的合理成分；就其强调国家作为有机整体而言，他接受了国家主义的真理颗粒。但这种吸收和接受并不是将二者简单地组合，而是使两方面的合理因素交

---

① 《马克思恩格斯文集》第3卷，人民出版社，2009，第157页。

相中介，从而综合为一个特殊的理论进路。我们称之为建基于关系中的个人及其公共理性（public reason）的社会主义进路，毕竟马克思强调"每个人的自由发展是一切人的自由发展的条件"①。公共理性植根于个人理性，但其最终取向是社会维度，即追求以个人利益为基础的社会公共利益的最大化；它是个人理性与国家理性的中介，或者说是二者的超越——它不仅突破了以个体自我为中心的个人主义，而且扬弃了专事国家事务而无视个人发展的国家主义；它强调个人"将自己的力量从属于社会的合理目标"②。

【执行编辑：张艳芬】

---

① 《马克思恩格斯文集》第2卷，人民出版社，2009，第53页。
② 〔美〕约翰·罗尔斯：《万民法——公共理性观念新论》，张晓辉等译，吉林人民出版社，2011，第106页。

价值实践问题研究

Research on Value Practice

以价值哲学的深入研究引领
人民对美好生活的向往

高惠珠 薛春豪*

【摘　要】 本文围绕如何引领人民对美好生活的向往这一问题，结合实践哲学，从对人的需要的不同层次的研究和对马克思关于"自由人联合体"思想的研究，阐释了何谓美好生活，以及深化价值哲学研究在引领人民对美好生活的向往中具有重要的理论和现实意义。其一，有助于人民对美好生活的向往得到正确价值观的引领。其二，有助于认清共产党人"初心"与"使命"的源头。其三，有助于中国价值哲学研究的深化创新。

【关键词】 需要；价值；美好生活

如何使国内的价值研究摆脱近年来的沉稳局面，我认为重要的一点就是要面向新时代中国特色社会主义的建设实践，从对现实问题的研究中获得新的源泉，从而深化与发展价值研究的广度和深度。

改革开放40多年来，我国即将达成全面建成小康社会的目标，我国人民的生活发生了巨大变化。但是，随着市场经济的实行，由资本逻辑的负面作用引发的社会问题也不少，出现了带有自由主义、个人主义、消费主

---

* 高惠珠，上海师范大学马克思主义学院特聘研究员，上海师范大学知识与价值科学研究所常务副所长，主要研究方向为历史唯物主义、价值哲学；薛春豪，上海师范大学知识与价值科学研究所助理研究员，主要研究方向为历史唯物主义、价值哲学。

义、相对主义、享受主义等种种影响的道德滑坡的现象。这些社会问题的存在，急需我们理论界结束定义之争，进行联系实际生活的价值研究，构建并创造出有意义并能引导人们过上美好生活的价值理念，帮助人们站在价值的高峰上将日常生活的意义凸显出来。

众所周知，实现人民对美好生活的向往，是新时代中国特色社会主义重要的奋斗目标。何谓美好生活，如何实现这一人民的向往，这里既关涉实践哲学，又关涉价值哲学，这是一个值得深入探讨的价值命题。如果我们仅按教科书体系中的满足需要论来定义价值，把人民对美好生活的向往仅简单解释为满足人民物质生活需要，即穿得好、吃得好、住得好、行得好，这是远远不够的。在此，我们须以价值哲学理论的拓展与深化，对人民的美好生活愿望进行深入的价值引领，才能与社会主义核心价值观相匹配，才能为将来实现马克思所说的理想社会做准备。在此，有几点必须作深入理解（这也是我们研究的不足之处）：

其一，对人的需要须作性质区分，即人有合理需要与不合理需要，正面需要与负面需要，以及个体需要和群体需要的区分。所谓人的合理需要，一般需合乎三个条件：一是合乎目前社会生产力发展的水平，不能提出目前生产力水平还达不到的需求；二是合乎现实社会的道德观念，不能提出违反社会伦理道德的某种需要；三是合乎现实社会的法律、法规的要求。凡合理的需要都应是合法合规的。违反这三条中的任何一条，都将被视为不合理的需要，故"需要并非天然合理"。合理的需要也可被称为正面需要，不合理的、违法违规的需要往往就被称为负面需要。满足负面需要，就会产生负面的社会效应，其就具有负价值。仅这一点，我们就可判断，"以满足需要论"定义价值，有简单化之缺陷。

其二，人的需要具有层次与结构。马斯洛的需要层次论是目前众所周知的。马斯洛把需要分为五种层次，从底层开始，往上提升依次为生理需要、安全需要、爱的需要、尊重的需要与自我实现的需要，一般人们将之称为需要层次的宝塔。自我实现的需要在塔尖。这就告诉我们需要分为低级、中级、高级三个层次。不同的层次反映了不同的人生境界，也就是说，是人生价值的不同高度。我国著名哲学家冯友兰先生就把人生的境界分为自然境界、功利境界、道德境界和天地境界四大层次。在最低的"自然境界"中，人只是以天资或习惯而生活，其追求的是人生物本能需要的满足。"功利境界"中的人则以利益原则而生活，其追求的是功名利禄需要的满足。而"道德境界"已处于价值上的较高层次，因为在此境界中人依道义需要而行为，满足了社会道义的要求。"天地境界"则在价值上处于最高等级，因为在此境界中，人依天理而行为，用我们的话来讲，是以社会历史规律而行为。这些行为，不仅合人间道义，而且合历史趋势。除了冯友兰，我国哲学家张世英也以境界说对人生价值作了明确的分层，他的人生价值四层次为欲求境界、求知境界、道德境界和审美境界。审美境界在价值上属最高等级，因为在这一境界中的人与自然达到和谐。中外价值哲学史上关于需要层次、结构的思想启示我们，美好生活是有价值层次的。因此，当代社会生活现实的价值哲学研究，应通过对价值层次结构的深入研究，进行正确的价值引导，使人民大众，尤其是年轻人摆脱对美好生活物质主义、快乐主义和享乐主义的误解，走向高价值层次的美好生活。

其三，马克思关于"自由人联合体"思想是"美好生活"价值的制高点。

马克思在《德意志意识形态》中就指出，自由全面发展的人在"自由人联合体"中的生活，是"美好生活"价值的制高点。在此，马克思强调了以下几点：

首先，未来社会的目标就是实现每个人的自由而全面的发展，这一自由而全面的发展本身也是现实个人人生最大的价值、最大人生意义的实现。

其次，马克思指出，"只有在共同体中，个人才能获得全面发展其才能的手段，也就是说，只有在共同体中才可能有个人自由"[①]。这就告诉我们，具有最高价值意义的人民的美好生活，只有在共同体中才能存在，美好生活的价值制高点，不是离群索居、闭门思过和自我修养，而是在集体中，即自由人联合体中。

最后，在马克思看来，有价值的生存才是自由美好的生存，有价值的生活才是自由美好的生活，而共产主义对资本主义的超越才使一切价值意义上的"美好"从可能变为现实。马克思的上述思想，对于以马克思主义

---

① 《马克思恩格斯选集》第1卷，人民出版社，1995，第119页。

价值哲学理论引领人民对美好生活的向往极为重要。他告诉我们，美好生活的美好，是以有价值地生存为定义的，而人能自由自觉地活动（劳动）是有价值生存的现实形式，而这一有价值生存是在集体中（即在自由人联合体中）才能真正实现的。因此，美好生活的实现离不开集体，必须提倡集体主义意识。又告诉我们，"自由人联合体"只有在扬弃了资本主义之后，才能超越资本主义，使"美好生活"从憧憬变为现实。如果我们按照马克思的教导对人民进行价值引领，那么，人们对美好生活的向往就是对共产主义的向往，为美好生活而奋斗，就是为人类理想而奋斗。

郭宝宏在其专著《论人的需要》中说道："在共产主义社会没有真正来之前，我们当然不能加以具体的说明。但按照马克思主义学说揭示的人类社会发展规律的理论逻辑，我们至少可以作以下原则性的判断：

（1）人的需要中追求个人占有无限物质财富的欲念将逐步降低，以至于彻底丧失。

（2）人的需要中追求个人占有无限精神财富的欲念将逐步上升，以至于贯彻毕生。

（3）人的需要中从物质上和精神上展示个人才能的需要将日益强烈，以至于劳动（包括物质劳动和精神劳动）成为生活的第一需要。

（4）人的需要中自觉把个人需要与群体需要、社会需要统一起来，视为共同需要的情况将日趋普遍，以至于除了自然因素和兴趣专长、工作性质等要求的个人需要外，没有特殊的个人需要。"郭宝宏认为，"当社会大多数成员的需要都发生上述改变时，马克思主义所向往的'各尽所能、按需分配'为什么不能实现呢？"① 将上述判断与上文提及的马斯洛的需要层次论作比较，马斯洛理论的缺陷就显露出来了。首先，马斯洛是从生理、心理出发探讨需要，避而不谈，也许根本没有认识到需要的发生、发展有其实践基础。其次，他也没有认识到人的每一现实需要都具有社会历史性，并且是随社会历史的发展而发展的。正如马克思所说："饥饿总是饥饿，但是用刀叉吃熟肉来解除的饥饿不同于用手、指甲和牙齿啃生肉来解除的饥饿。"② 再次，他没有看到马克思说的"自由而全面发展的新人"是具有完

---

① 郭宝宏：《论人的需要》，经济科学出版社，2008，第165页。
② 《马克思恩格斯全集》第46卷（上），人民出版社，1979，第29页。

整的"人的需要"的人,即不仅是有物质需要,而且有日益提高的精神需要的人。我们可以清晰地看到,人们需要的不断发展、不断提升的过程,实际也是人的价值观念发展与提升的过程;需要的发展史,也是价值观念发展史的缩影。对需要及其满足水平的发展史的这一研究,也将合乎逻辑地对人们对美好生活的向往作正确的价值引领。

由此可见,当下以价值哲学研究的深化来引领人民对美好生活的向往,具有重要理论和现实意义。

首先,它有助于使人民对美好生活的向往得到正确价值观的引领。

价值哲学关于人民群众现实生活的深入研究,会引领人们树立正确的幸福观和人生观。人的需要作为价值产生的动力之源,其在发展程度上既然有高低之分,就会有合理与否、正当与否的区别。因此,人民群众对美好生活的向往,不能根据人的本能或跟着人的感觉走,要体现"人的尊严""人的品格""人之为人的理想"。马克思主义认为,需要的最高层次与价值的终极取向具有内在的一致性。"人民对美好生活的向往"的最终目标,应体现真正的人性的光辉,使个人成为具有"自由个性"的"完整的人",使人的群体成为"自由人联合体"。在人性完整的人身上,已消灭了生产和消费、劳动与享受的对立,个人已不再受旧式分工的片面性的局限以及资本逻辑的束缚,而能充分发挥人之潜能,成为一代新人。这应是人民对美好生活的向往的最终目标。目前,现实与理想之间仍存在着巨大差距,但有差距不可怕,可怕的是我们在对美好生活的价值引领上仍有方向不明的弱点。马克思曾尖锐地批判过享乐主义和利己主义,他说:"吃、喝、生殖等等,固然也是真正的人的机能。但是,如果加以抽象,使这些机能脱离人的其他活动领域并成为最后的和唯一的终极目的,那它们就是动物的机能。"[①] 改革开放40多年来,我国人民的生活水平有了极大的提高,正如新时期有的农民说:"过去俺们只是想要像城里人那样过日子就好了,现在俺们想的是要比城里人过得好。"这反映了人们需要的不断递进和上升趋势,从生存需要向发展需要推进,那什么是发展的终极理想目标呢?依马克思主义的观点,就是要使人们的需要全面发展,真正实现"人之为人"的理

---

① 《马克思恩格斯选集》第1卷,人民出版社,1995,第44页。

想。由此可见，人民对美好生活的向往需价值哲学研究的深化与创新来引领。

其次，有助于认清共产党人"初心"与"使命"的源头。

无论在《德意志意识形态》还是在《共产党宣言》中，马克思、恩格斯都论及了创立共产主义理论的"初心"，即对马克思主义者的奋斗目标作了本质的描述，即"代替那存在着阶级和阶级对立的资产阶级旧社会的，将是这样一个联合体，在那里，每个人的自由发展是一切人的自由发展的条件"①。这是对人的发展目标的首次明确表述，也是共产党人的初心，其中已明确宣告人的发展美好前景的实现，有赖于消灭阶级对立和私有制。为了实现这一初心，马克思、恩格斯还在《共产党宣言》中提出了十大举措。但以21世纪的眼光看，这十大举措还有其不成熟之处。此外，《共产党宣言》中所提出的"两个决裂"的思想明确了共产党人的神圣使命："共产主义革命就是同传统所有制关系实行最彻底的决裂；毫不奇怪，它在自己的发展进程中要同传统的观念实行最彻底的决裂。"② 价值哲学的深入研究，将帮助人们认清初心和使命的源头，从而认清马克思主义价值哲学发展的逻辑性与价值观念演进的历史必然性，进而自觉推进全社会"不忘初心、牢记使命"的新时代实践。

最后，有助于中国价值哲学研究的深化与创新。

需要，作为人的内心意向，构成了人们生活的原动力，是价值形成的始因。因此，这一价值哲学的存在论根据，也是价值哲学研究必须面向人们生活实际，进入日新月异的现实生活的根本原因。目前，我国社会正处于为"实现两个一百年"奋斗目标的关键时期，我们应该以中国现实问题为价值研究的课题取向，"回到生育和养育中国价值哲学的那片大地"（冯平语）。当我们以现实生活中的价值问题为研究对象时，面对正处于既不同于资本主义市场经济，又不同于社会主义计划经济的现实场景，我国社会所涌现出的大量的关涉价值及其评价的问题，需要我们给予马克思主义的理论解释与价值引领。本文提及的以马克思主义的价值哲学理论引领人民对美好生活的向往就是一例。进而言之，党的十八大提出了社会主义核心

---

① 《马克思恩格斯选集》第1卷，人民出版社，1995，第294页。
② 《马克思主义经典著作选读》，人民出版社，1999，第54页。

价值观，即富强、民主、文明、和谐、自由、平等、公正、法治、爱国、敬业、诚信、友善。那么，这些价值观念究竟与在世界现代化过程中，在资产阶级与资本主义社会崛起过程中提出的类似概念，在价值取向的具体内容上有何不同？就像人类通过遗传基因而世代绵延并不断进化一样，其中的思想文化基因对于现时代有什么影响呢？我们该具体吸收、改造或剔除其中什么呢？对于这些问题的深入剖析，都不是通过元价值哲学的演绎能明晰的，而必须联系现实生活实际，具体分析研判，通过扬弃，才能逐步地与时俱进地推动新时代价值哲学研究的深入与创新。

【执行编辑：张艳芬】

新时代人的美好生活追求与社会道德自由的实现

于 洋[*]

【摘 要】 在新时代下,人民的美好生活追求融合了理性的"真"、道德的"善"和情感体验的"美",内蕴着社会道德发展的目标。作为道德发展的圆满境界,道德自由是个体性和社会性的统一,它不仅体现了个体道德修养的完善,还从社会伦理的视角聚焦群体的道德发展和自由实现。在美好生活视阈下,社会道德发展需要在认知、价值和实践三个维度上与时俱进,深刻把握幸福、德性和自由的关系,着力解决道德不平衡、不充分发展与人民精神文明需要之间的矛盾。新时代是群己关系共通、交融、和谐的重要时机,人民对美好生活的向往与社会道德发展目标相一致,是建立共同道德价值体系的有利契机。鉴于此,深化个体道德意识,凝聚有助于社会道德文明进步的价值观念,并在社会主要矛盾不断变化的基础上,合理地进行社会自我道德调适,是实现社会道德自由的关键。

【关键词】 新时代;美好生活;社会道德自由;道德价值体系

---

[*] 于洋,上海大学马克思主义学院博士研究生,主要研究方向为马克思主义哲学、价值论。

随着我国社会发展进入新时代，社会主要矛盾转变为"人民日益增长的美好生活需要和不平衡不充分的发展之间的矛盾"①。作为人民对"值得过"和"想要过"的生活的价值判断，美好生活意味着人们在认知活动和评价活动基础上获得生活意义的同时，也在情感上获得享受、愉悦和幸福感受。因此，美好生活不仅包含物质层面的基本生活需要，还包括精神层面的伦理道德追求，且前者在后者基础上才能更好地实现。新时代下，人的美好生活追求具有深刻的道德哲学意蕴。在美好生活视阈下，社会道德发展需要在认知、价值和实践维度上获得更深刻的理解，体现人们在理性与美感、认知与评价、幸福与德性相结合基础上的内在善追求，是社会道德自由实现的重要契机。

一 美好生活的道德哲学基础

从人类社会生活的发展来看，道德作为社会交往必需的规范形式，始终以价值形态存在，所体现的是人们对于好坏、善恶、荣辱等的价值判断。个体道德修养和社会道德发展的程度，从精神层面决定了人类社会生活质量的高低。从这一意义上看，当前社会主要矛盾的转变体现了人民对美好生活的追求，这一追求内在地蕴含了人们的道德需要之于美好生活的重要意义。因此，探寻美好生活的哲学意蕴和内在逻辑，从中透视新时代社会道德发展新的动向、境遇和前景，这是将道德生活与美好生活统一起来、实现道德自由发展的出发点。

追求美好生活是人类社会生活的永恒主题。"美好"这一标准的确立，是人的认知、评价和审美活动相统一的结果。马克思在《1844年经济学哲学手稿》中有如下论述："动物只是按照它所属的那个种的尺度和需要来构造，而人懂得按照任何一个种的尺度来进行生产，并且懂得处处都把内在的尺度运用于对象；因此，人也按照美的规律来构造。"② 马克思这段话阐明了两层意思。其一，人与动物相区别的一个关键在于人可以按照两个尺

---

① 习近平：《决胜全面建成小康社会 夺取新时代中国特色社会主义伟大胜利》，《人民日报》2017年10月28日。
② 《马克思恩格斯全集》第3卷，人民出版社，2002，第274页。

度来进行生产:"任何一个种的尺度"即人们能够认识客观存在物的外部特征和内在本质,并能够以它的客观规律为标准开展生产;"内在的尺度"则特指人的内在尺度,即用以衡量对象之于自身价值的主体需要。将这一内在尺度运用于对象,是追求为我之物的具体实践。"懂得按照任何一个种的尺度",反映了人把握客观规律的认知活动;"懂得处处都把内在的尺度运用于对象",反映了人把握对象与自我价值关系的评价活动。按照两种尺度进行对象化活动,体现了认识和实践、主体和客体相统一的过程。其二,通过两种尺度的运用,人才能够"按照美的规律来构造"。因此,在马克思那里,只有主体与客体互通、共融,才能形成美的感受,二者的和谐构成了美的规律。只有将事物"种的尺度"与主体需要的内在尺度相结合,通过对客体的认知、对价值的评价以及对象化的实践,人才能掌握美的构造规律,塑造美的事物。

鲍姆嘉滕在探索美学时指出:"美学的目的是感性认识本身的完善(完善感性认识)。而这完善也就是美。据此,感性认识的不完善就是丑,这是应当避免的。"① 从哲学认识论的角度来看,获得美的途径不能仅局限于一般感性认识的完善,应以人的整体认识程度为出发点,把"完善"理解为建立在认知和评价两种活动相统一的基础上,通过审美这一特殊认识活动而获得情感愉悦的过程。因此,哲学视野中的"美"总是与"好"联系在一起,是人按照客观事物本身的尺度和自我内在尺度,在实践活动中进行现象认知、价值评价并通过审美活动构造主客体的和谐,进而在高度和谐中获得愉悦、幸福等舒适情感体验的体现。美好生活正是这样一种生活:人们通过建立在认知和评价基础上的审美活动,将自我和生活世界中的对象统一起来,将主客体同构于改造客观世界和主观世界的活动中,从而获得惬意的心理感受。在主客体统一的实践过程中,双方的和谐使人能够积极、享受并自由地生活。这种统一在价值层面上为美好生活的存在形态提供了依据,使之成为人"想要"和"值得"过的生活。

从字面释义上来看,"美好"在现实中同时具有非道德意义和道德意义,这取决于人们在评判某一对象时所选择的标准。当人们按照道德的标

---

① 〔德〕鲍姆嘉滕:《美学》,简明、王旭晓译,文化艺术出版社,1987,第18页。

准来评价对象的特性或优点时，评价结果即为道德意义的"美好"；当人们按照非道德的标准对对象进行评价时，得出的结果就是非道德意义的"美好"。但若将"美好"落脚到人类社会生活上，其中道德意义的分量则更重。在中国传统文化中，追求美好生活常与道德相连。《论语》说："里仁为美。择不处仁，焉得知？"（《论语·里仁》）强调居住在有仁德的地方才能成为美的、好的人，对于人来说，只有触及仁德的境界，才能被称作是美的、好的人。追求美好生活，是人将把握美好的认识活动和达到美好的实践活动相统一的过程，在这一过程中，认知、评价和审美三者始终是同一的。这种同一性特征使得人们所追求的、想要的生活不仅是打上主观意识标签的目标，而且必须要建立在理性、节制和自我调适的基础上，使得主体在追求或创造如此生活的过程中，能够"揭示事物的'种的尺度'和人的'自身的内在尺度'之间的融洽和和谐，从而来欣赏和感知事物"①。这一特征是建立在道德的善和责任基础上的，是社会规范他律和道德良心自律的反映。因此，美好生活与它所面向世界的"真"、道德的"善"是统一的。

从现代意义来看，人的本质需要作为"内在尺度"处在不断的发展完善之中。社会发展使交往对于人类活动的意义愈发重大，"美好生活需要"中人的道德需要愈加凸显，同时对社会道德发展提出了更高的要求。中共中央、国务院印发的《新时代公民道德建设实施纲要》指出，"中国特色社会主义进入新时代，加强公民道德建设、提高全社会道德水平，是全面建成小康社会、全面建设社会主义现代化强国的战略任务，是适应社会主要矛盾变化、满足人民对美好生活向往的迫切需要"②。社会主要矛盾的变化为全社会道德的自由发展提供了契机，与此同时，"只有在优良道德的引导下，才能创造更符合人性的美好生活"③，社会道德发展和道德自由的完善也反过来推动了人们追求美好生活的进程。"美好生活追求"和社会道德发展的契合，体现了在新时代下，人与人交往的和谐、人与自然共处的和谐，

---

① 陈新汉：《马克思主义认识论与真善美统一》，《求索》1991 年第 5 期。
② 《新时代公民道德建设实施纲要》，《人民日报》2019 年 10 月 28 日。
③ 都萧雅：《伦理学与美好生活——"2018 中国伦理学大会"综述》，《道德与文明》2019 年第 2 期。

以及社会物质文明和精神文明建设的和谐。

美好生活是人们对以往各阶段生活目标的深化表达，是人们超越现有物质、精神基础向更加强烈的情感满足、生活体悟、人格体验等超越性意义转化的标志。美好生活内蕴着理性的真、道德的善和情感的愉悦，这一生活目标不是单纯情绪的快乐满足，而是建立在事实认知和理性评价基础上的合理满意度。美好生活需要道德意义的价值获得和情感惬意，但它在道德上所关涉的不是外在的价值或善，不是为了获得快乐或幸福而去获取道德，而是因道德而成就快乐与幸福。

二 道德自由的社会性与社会道德自由

道德的本质属性决定了它既是个体道德行为和道德修养的表现，同时又是关涉道德群体的社会道德规范和道德境界。因此，道德不仅表现在个体层面，还应体现在社会层面。道德自由是"人们独立自主地进行道德选择和决定的意志和能力。亦指道德修养所达到的一种高度完满的境界"①。它是主体通过对内外必然性的统一认识，自愿自觉地履行道德义务，不断达到个体道德人格和社会道德风气最高境界的过程。在这个过程中，作为人类"善"观念的自觉外化，道德自由突破了单一的社会他律形式和个体自律形式的道德发展阶段，也具有个体性和社会性相统一的内在特性。

自康德提出"人为自我立法"，他就已对道德自由的个体性作了明确表态，将道德自由理解为以实践理性或道德律为动机的向善自由，但康德自律的道德自由仅是以个人主体及其理性为根基的，个人意志凌驾于社会之上成为道德立法的唯一主体。黑格尔则在沿袭其思想的基础上有了更为深刻的观点，他认为以往那种脱离了社会生活的个体道德仅是"抽象的善"，它使得作为个人的道德主体无论做任何向善的努力，依然无法祛除由个体自由意志所决定的主观性行为缺陷。在此基础上，黑格尔提出"客观伦理"概念，认为"代替抽象的善的那客观伦理，通过作为无限形式的主观性而成为具体的实体"，并且使"伦理有了固定的内容"，"这种内容是自为地必

---

① 朱贻庭：《伦理学大辞典》，上海辞书出版社，2011，第40页。

然的，并且超出主观意见和偏好而存在的"①，这一思想对道德的社会化转向以及道德自由的社会性探索意义重大。从自由与责任、他律和自律的关系来看，道德的自由不仅是代表了个体自由意志的选择和行动，而且还是代表群体自由意志的稳定性道德规范的义务履行和责任担当；不仅是道德规范在绝对意义上的他律性制约，还是通过道德个体自律机制将社会性的外在规范内化为个体性自由意志的结果。也就是说，道德自由的社会性需要通过个体道德自由的自觉表现出来。

道德自由既体现于个体人性和自我修养之中，又体现于社会道德发展的目标之中，它是个体道德自我实现和社会道德完善的自由境界。从这一意义上来看，道德自由不仅包括个体道德自由，还包括社会合力中每一个体道德自由的相互承认、共存，即共同的社会道德自由。作为完善境界的道德自由，必须是全民道德自由。作为一种共同的道德愿景，社会道德自由以个体人格相互承认和尊重为前提，是从社会精神文明建设的视角出发，达成普遍道德共识、促进社会道德完善的结果。

依照人的劳动方式及自由程度，马克思将人的发展分为必然王国和自由王国两个阶段，并将人类社会的历史进程描述为从必然王国向自由王国的飞跃。在马克思看来，必然王国中的人类劳动对外界具有极大的依赖性，甚至因劳动异化而无法获得自由发展。在这一阶段中，人类活动总是出于外在目的而非自我目的，尽管在后期也存在将自由本性凸显出来的尝试，但这一精神终究是弱小。因此马克思说到，必然王国尽管也朝着自由王国的方向不断发展，但"这个领域内的自由只能是：社会化的人，联合起来的生产者，将合理地调节他们和自然之间的物质变换，把它置于他们的共同控制之下，而不让它作为一种盲目的力量来统治自己；靠消耗最小的力量，在最无愧于和最适合于他们的人类本性的条件下来进行这种物质交换"②，这一阶段的自由尚未完全以人自身和现实内容为目的，仍是游离于自愿和自觉之外的。自由王国则是将外在必然性内化为内在的自身必然性，将外在目的内化为自身目的，并以自我为主体自觉在实践中创造历史。人类社会道德自由的发展历程在本质上也是同样，伴随着不同阶段的社会道德评

---

① 〔德〕黑格尔：《法哲学原理》，范扬、张企泰译，商务印书馆，2011，第188页。
② 《马克思恩格斯全集》第46卷，人民出版社，2003，第928—929页。

价方式，社会道德经历了从原始社会的自然道德，到阶级社会的主奴道德，最终向真正人的自由道德发展。

原初形态的社会道德存在于早期的风俗习惯，是早期人类合作与组织原则的凝结。在生产力极其低下的情况下，人们迫于生产只能以相互结合的方式进行简单协作和劳动交流，正是在这种协作和交流中，原始人类同自身之外的他人、事物、环境等发生关系。在这一时期，社会道德以自发的民众道德评价形式表现出来，社会成员自发地对所在群体的道德状况做出评价并以此指导实践的活动。从原始道德的产生来看，民众建立在群体需要基础上对外界他者、他事的价值进行评价，将评价结果以组织原则、风俗习惯的形式稳固下来，成为民众用以调节生产关系、维系集体稳定的行为准则，这就是最初的"自然"道德。通过自发式的民众道德评价而被个体承认的社会道德规范，以稳固形式被沿袭下来的道德经验，以约定俗成的方式使个体逐渐掌握并习惯了以这种道德方式来调节各种关系，因而成为人们进行道德自我评价和对外评价的基本标准。由于没有阶级和私有制，以共同占有、平均分配的方式组织生产，以公认、默认等形式延续活动中的道德关系，原始社会在道德特征上呈现出自然性和纯洁性。这也说明原始社会道德活动是自发的，当道德生活的复杂性超出已有经验时，民众道德评价容易因缺乏控制力而产生盲目性，道德的状态也非人类自我掌控下的自由。

随着阶级的产生，社会道德逐步摆脱依赖性的自然发展状态，企图在人的控制下获得维系彼此的共同道德，社会道德的状态和形式也随着社会结构的转变和国家的出现发生变化。作为阶级矛盾不可调和的产物，国家使社会道德逐渐分化并附带上阶级属性。统治阶级以国家为工具，在社会道德活动中具有绝对的掌控权，甚至存在将道德沦为统治手段的现象，并通过权威道德评价推行符合其统治需要的道德原则和纲领。处于此阶段的社会道德，其真正的自由目标和主体尚未完全回归于人自身，道德因不可摆脱阶级性难以实现全面自由。这一过程中国家以绝对领导和组织地位开展"有机"的权威评价，以此约束民众的道德行为。民众"无机"的道德力量弱小，个体道德需要和利益甚至受到压制，民众逐渐在权威道德评价中丧失主动性，成为权威道德的奴隶。资本主义社会道德便是一个典型的例子，因对劳苦大众的人性压抑，处于资本主义统治中的社会道德只能为少数人谋利益，其道德的自由是统治阶级或社会财富占有者这一少部分人的自由，因而不是全部人或社会道德的共同自由。

如同恩格斯所说，社会只要还处在阶级对立中，"道德始终是阶级的道德；它或者为统治阶级的统治和利益辩护，或者当被压迫阶级变得足够强大时，代表被压迫者对这个统治的反抗和他们的未来利益。……但是我们还没有越出阶级的道德"①。社会结构的变化和发展也启示人类，自由以及道德自由的实现绝非一蹴而就，它始终是人们在社会历史中不断发展和获得自身现实性的过程，它存在于从阶级社会到共产主义社会、从自然道德到主奴道德再到全民道德的发展过程之中。社会道德自由需要在个体道德自我实现基础上，完成社会治理与群体道德意识的充分融合，它的实现需要两个条件：一方面，在阶级尚未完全消失的过渡社会，道德不再沦为政治统治的工具，而是社会治理下维护社会运行和群众利益的意识形式；另一方面，民众拥有绝对的社会道德评价权利，成为社会评价中民众道德评价的主体。以自发形式组织起来的民众评价，通过社会舆论和自我反省，在无形中形成了社会道德的民众监督和批评力量，为社会道德的共同自由创造环境。

作为共产主义社会的初级阶段，社会主义社会中已无被统治阶级的存在，工人阶级、农民阶级成为国家的主人，阶级斗争不复存在。国家从社会治理的视角出发开展权威道德评价，将历史实践中人们所认同和凝结的道德原则和规范以权威形式确立下来，成为维系道德生活的稳固力量。在社会主义中国的道德发展中，这一社会主义道德的特点伴随着社会主要矛盾的变化凸显出来。在人民群众的物质精神需要和社会主义社会发展的阶段性成果中，我国人民的道德价值取向、社会的道德发展和社会道德自由的完善，已经同全社会成员对美好生活的向往融合在一起，在不断的变化、发展和完善中向真正的道德自由过渡。

三 美好生活视阈下社会道德发展的三个维度

新时代下，我国根据人民主体需要的多层次、多样性变化作出了社会

---

① 《马克思恩格斯选集》第3卷，人民出版社，2012，第471页。

主要矛盾转变的政治判断，将人民美好生活需要与社会的不平衡、不充分发展之间的矛盾作为新时代中国社会的主要矛盾。美好生活代表了人民需要在不同维度和目标上的逐渐展开，体现了人民生活的关注点从"有没有"的存在问题转向"乐不乐意""好不好"的情感和价值问题，突出了社会发展的任务和目标从"可以基本实现"转向"能够更好实现"。与以往相比，人们对自我素养、社会精神文明和文化层面的关注更加密切，幸福与道德、道德与自由成为美好生活追求无法绕开的话题。在美好生活视阈下，社会道德发展需要在认知、价值和实践层面做出转变，以体现道德与幸福、德性与自由、发展目标和具体实践的同一性。这是社会自我道德调适的成果，也是社会道德趋于共同自由的反映。

从认知维度来看，社会道德发展需要获取幸福和道德的统一认知。把握美好生活的关键在于人们该如何体认这种美好，他们会将对美好生活的理解落脚在哪一点上。美好生活所体现的社会主要矛盾转变和现实意蕴，折射出人们普遍理解的美好生活旨趣，即幸福。幸福的获得从某种意义上会存在某种功利性，这是因为人并非是绝对自足的，总是需要由外部"为我之物"来满足自身。但是，幸福不能仅从作为"一切有关选择手段的考虑"[1]或"目的合乎理性的"[2]外在效用性来理解，还应从人性发展、品质特征和自我完善的内在尺度来理解。只有认识到自我存在、充分发挥主体性、积极进行生命体验的个体，才能获得自我满足的内在幸福感。也正因如此，不同的人在社会生活中呈现着不同的幸福状态，这是人自主选择幸福方式的自由，如同康德所说："没有人能强制我按照他的方式（按照他设想的别人的福祉）而可以幸福，而是每一个人都可以按照自己所认为是美好的途径去追求自己的幸福。"[3]在人们追求美好生活、获得幸福感的过程中，自我存在、主体性和生命体验始终与无数他者通过道德联系在一起的，道德不仅是人们通过精神自足以获得自身幸福的必要途径，同时也是每一个人都能获得他的幸福的基本条件。在新时代的社会境遇中，人们对于美

---

[1] 〔德〕马克斯·韦伯：《社会学的基本概念》，顾忠华译，广西师范大学出版社，2005，第32页。

[2] 〔德〕马克斯·韦伯：《经济与社会》上卷，林荣远译，商务印书馆，1997，第56页。

[3] 〔德〕康德：《历史理性批判文集》，何兆武译，商务印书馆，2009，第187页。

好生活的追求，始终关联着自我德性实现和社会的道德发展，"在理智世界和感性世界相冲突的时候，以理智支配感性，做需要的主人，实现真正的意志自由。如果某个个体做到了意志自由，那便被视为品德高尚、境界高尚的人；如若一个民族都是如此，那么这便是一个极有素质和素养的民族"①。社会道德不仅使人们能够在与外界的和睦相处中获取幸福感，而且还使自我和社会都在道德氛围中获取内在的幸福感。在这一意义上，对道德的追求同美好生活追求是同一的。

从价值维度来看，社会道德发展需要追求德性与自由相和谐的内在善。麦金太尔在谈到道德实践品质时区分了两种形式的善，在他看来，在人类活动形式中，内在善是"在试图获得那些既适合于这种活动形式又在一定程度上限定了这种活动形式的优秀标准的过程中，内在于那种活动的利益"②的实现，而外在善则表示个体所获得的、外在于活动过程之外的所有物。对于内在善而言，它的获得不仅使个体内在的收获卓越，而且对于参与活动的整体社群而言都是有益的，而外在善则是存在"配比"的善，自我外在善的获得不代表整体的善表现。在麦金太尔看来，人们所追求的真正美好、幸福的生活必然是深层次的内在善，而美德恰好是这样一种品质，"对它的拥有和践行使我们能够获得那些内在于实践的利益"③，人们所追求的美好生活正是关联着德性的内在善。在美好生活视阈下，道德自由是寻求人性的自由释放和责任的理性承担之统一的自由。一方面，当感性认识日益充盈、达到完善，人在获得情感愉悦和美的体验时往往会寻求人性的释放和自由生长，这是审美体验中人的自由价值取向；另一方面，美好生活既渴求人的精神自足，又同时顾及和观照每一个体的幸福。精神自足需要道德人格的自律，而每一个体的幸福则需要遵循不伤害的道德正当性原则，二者共同体现了通过道德自律、理性自觉将德性和自由融于一体的价值取向。

从实践维度来看，社会道德发展应聚焦解决道德不平衡、不充分发展的现实问题。美好生活代表着人们希望过的生活，但它不能等同于现实生活，现实生活的不完美，使它无法成为作为目标的美好生活，但也正是因

---

① 晏辉：《论美好生活的道德哲学向度》，《教学与研究》2019 年第 8 期。
② 〔美〕麦金太尔：《追寻美德：道德理论研究》，宋继杰译，译林出版社，2003，第 238 页。
③ 〔美〕麦金太尔：《追寻美德：道德理论研究》，宋继杰译，译林出版社，2003，第 242 页。

为不完美，才愈加激发人们对美好生活的向往。与美好生活追求相矛盾的是我国社会发展的不平衡与不充分，这一不平衡、不充分不能简单地归结为经济问题或技术性问题，还存在精神文明发展不足的问题。在经济与社会问题背后，交织着各阶层利益关系、价值取向和道德选择问题；在社会结构不均衡的表象深处，是道德结构的不协调、道德秩序的不完备。这些现象引发了当前我国社会的道德危机。解决由道德不平衡、不充分发展引起的道德危机，不能像经济、教育、医疗卫生等领域那样着重考量社会成本的平衡，而是需要由内在的价值和善来维持，因为道德的"成本"不能简单以利益获得来计算。真正有望整合乱象丛生道德境况的"支付成本"，必然不是社会外界的制度强压或捆绑，而是在制度设立防线、施与保障的基础上，依靠个体内在的"心理成本"，即良心对道德行为的赞赏、对不道德行为的谴责来维系，这一心理成本的付出，正是个体自律作用的典型体现。从社会道德的角度来看，只有人人自律，社会才有望达到和谐与共同自由；只有建立能够维系社会道德发展的共同价值体系和共同的自由思想，才能为失落的社会道德重新找回寄托。

新时代正在开启这样的契机，人们以美好生活作为基本的、终极的价值取向，这是在不同价值偏好、自由价值选择和必然的价值冲突中，找到用以维系道德平衡的共同标准的一个关键性时机，也是重建自律的道德秩序、走向自由道德境界的历史时机。

四 新时代是实现社会道德自由的一个重要契机

从社会长远发展的角度来看，社会道德自由不仅关涉社会成员的道德意志自由在道德活动中的施展，以及法理维度上道德自由权和道德义务问题，而且还关涉到社会精神文明的发展方向、全体社会成员对道德发展程度的整体期望和目标。因此，"当我们谈到道德自由时，不只是指人的意志自由、道德自由权，更重要的还指人的道德境界，这就是道德自由的伦理维度"[①]。从

---

① 覃青必：《论道德自由》，光明日报出版社，2012，第 74 页。

这个角度来看，社会道德自由的实现是社会精神文明发展目标的重要组成部分，它的实现不是一蹴而就的，而需要经过一个长期的历史发展过程。

从社会道德不断发展、社会精神文明不断进步的必然性来看，人类社会是绝对有望达到道德境界上的自由的。但社会道德自由的实现，在绝对性中也蕴含着一定的相对性。从整个道德世界的广度来说，社会道德自由都只是对道德世界一部分自由、一部分道德关系的表现，只要道德继续以社会意识的形式不断发挥着处理人际关系的作用，社会道德自由就必然会受到主体内外环境的影响而存在不完善、不充分甚至恶的情况，因此从某种意义上来说，只要社会道德中还存在着不充分的自由和不自由，就不存在绝对的、完全意义的社会道德自由；从人在道德实践中的自由实现来看，在任一阶段，人们反映在道德实践活动中的自由都只是一定程度和层次上的自由体现，由个体合力构成的社会道德自由总是在无数个这样不完全、不充分中逐渐超越自身，达到更高的目标和层次。从这个意义上来说，道德自由不是绝对值，而是近似值，它的实现是对上一个阶段自由的否定，并在下一阶段中不断趋近理想目标的过程。

恩格斯在《反杜林论》中强调："认识就其本性而言，或者对漫长的世代系列来说是相对的而且必然是逐步趋于完善的，或者就像在天体演化学、地质学和人类历史中一样，由于历史材料不足，甚至永远是有缺陷的和不完善的，而谁要以真正的、不变的、最后的终极的真理的标准来衡量认识，那么，他只是证明他自己的无知和荒谬"[①]。随后他以玻意耳（又译波义耳）定律为例，阐明了人类真理认识的相对性。道德自由也是同理，正如在一定温度下气体的压强和体积成反比那样，人们在道德活动和自由实践中走得越远，他对于最高境界的道德自由目标则越接近。但是，如同气体液化那样，当它的压强增加到极限值时，玻意耳定律就失去了效力，气体也会因为液化而改变性质，道德自由这一终极目标总是在人类道德发展和自由深化过程中逐渐被趋于更加完整的实在性，但这并不意味道德自由是绝对的静止。当社会道德达到作为目标的道德自由时，它又会在新的环境下被赋予新的时代内涵，指引着人们朝着更高的自由方向开拓。

---

① 《马克思恩格斯选集》第3卷，人民出版社，2012，第467页。

鉴于此，社会道德发展需要针对变化了的人民需要、生活追求和社会主要矛盾，以及随之变化的价值形态和新取向，在道德发展中不停地究诘。在美好生活视阈下，新时代社会与现代个体由于道德关系而紧密结合在一起，它们在道德发展上具有高度的一致性，在道德价值上休戚是同、相得益彰，建立起道德个体和社会共通、和谐的群己关系。在新时代下，以社会主要矛盾转变为时代契机，建立并确证一种共同的道德价值体系，是促进社会道德发展和社会道德自由实现的当务之急。这也是当前改善精神文明不平衡、不充分发展现状、实现人民美好生活夙愿的题中之意。对于一个社会的道德发展来说，共同道德价值体系的建立，必然对个体多元价值取向具有审慎的包容性，并在接纳多元的基础上形成持久、稳定、不轻易被摧毁的道德价值共识。

作为中国精神的体现，共同价值不是个体价值的合力，而是个体价值中能够在关注人类命运和社会发展问题上达成共识的那部分价值。反映到道德领域，即是指对社会有益的那些善、品格和道德规范。习总书记说："确立反映全国各族人民共同认同的价值观'最大公约数'，使全体人民同心同德、团结奋进，关乎国家前途命运，关乎人民幸福安康。"[①] 这也说明了，一个社会的道德价值共识，不仅是对多元价值取向和道德选择的尊重，也不只是简单地将这些多元道德意识笼统地装进新时代中国特色社会主义的道德生活中，而是要在多元之中获取一致性，在开放中维系道德底蕴、价值共识和家国情怀。长久以来，人们在对社会道德价值的理解上存在一个误区，惯常性地以为共同道德价值需要首先被建立，进而再在广大群众中寻求认同。事实上，这种方式建立起来的"共同"道德价值未必能被称为共同的。只有以汇聚认同与共识的方式来建构社会道德价值，所呈现出的才是共同道德价值，这是习总书记"最大公约数"的深层含义，也是将道德价值的建构与确证相统一的必要方式。

此外，新时代也预示了未来社会将会有更多的不确定性因素、新的特征和问题，人们的道德价值取向、社会的道德规范、社会道德评价标准等也会随社会价值形态的不停变幻而处于变动之中。关于个体与群体、人的

---

① 中共中央宣传部编：《习近平新时代中国特色社会主义思想三十讲》，学习出版社，2018，第92页。

幸福与道德、自由和德性、追求目标和现实问题之间，总是存在无数个具体的、历史的回答，但又总是在不断的社会进步和人类认识发展中获取更加完整性和趋同性的理解。人类的道德文明越是进步，社会道德发展和美好生活的完善就越发迅速，距离道德自由的实现就越是接近。因此，永远不停滞于任何一种社会道德现状的自我满足，而是跟随社会变化进行自我道德调适，这是社会精神自我在实现道德自由上的理性自觉。

【执行编辑：张艳芬】

"中西价值观比较"高层学术论坛暨"中国价值论研究发展规划"高层研讨会专栏

Column of High-level Academic Forum on "Comparison of Chinese and Western Values" and High-level Seminar on "China's Axiology Research and Development Plan"

编者按

为了深化中国特色社会主义新时代价值观研究，推动我国社会主义核心价值观认同和中国当代价值论研究走向世界，2019年10月19日，中国价值哲学学会和上海大学共同举办了"'中西价值观比较'高层学术论坛暨'中国价值论研究发展规划'高层研讨会"。李德顺、陈新汉、邹诗鹏、孙伟平、陈新夏、何云峰、胡海波、唐志龙、胡振平、黄凯锋、杨学功等专家学者与会。会议讨论活跃，专家们对当代一些重要的价值问题进行了研讨，引人深思。本辑特辟专栏，摘录专家、学者们的精辟观点，以飨读者。

后真相时代与价值转型

李德顺[*]

"后真相"概念由新闻传播界提出，是2016年牛津哲学词典年度热词，这个词可以定义当今时代。我们的时代已经是一个不讲真相，而讲求后真相的时代。关于"后……"的说法，其实是研究不到位、把握不充分的表现。例如后现代是对现代的反思和超越，但只说了解构了什么、批判了什么，但没能说明建立了什么。"后真相"一词有两层含义，其一是人类对把握真相失去了信心。因为过去的事情不可能重复再现，所以真相无法确定。以电影《罗生门》为例来看，要调查一桩杀人案而审讯目击证人，证人们每个人都提供一套说辞，这套说辞都有利于自己，因而导致真相无法被查清，之后大家就把这类现象称为罗生门现象。因为真相本身的复杂性和动态性以及描述者立场的不同，使得人们难以把握真相。20世纪七八十年代的科技哲学界有这样一种提法，叫作理论污染证据，即根据不同的理论指导实验，不同的理论都可以通过实验被证实。主体的认知模式可以影响观察的结果，虽然事实只有一个，但由不同的人来描述，得到的内容就会不同。这就导致了这样一个问题：什么是真相本身？即对真相把握失去信心。其二是人们的情绪、情感、价值追求和信仰的表达往往重于对真相的追求，真相即使被清楚查明，也无法解决人们关心的问题。真相类似于球体，逻辑上给人们提供了一种可能的空间，不管从哪个方向走，最终都可以回到原

---

[*] 李德顺，中国政法大学终身教授，研究方向为价值论、法治文化。

点。但是个人的行动并不依赖于地球是圆的这样一个事实，而是依赖于搭乘何种交通工具以及目的地的方位。所以，真相有时候并不重要，够用就行。这种现象与传统所强调的追求真相的意志是相反的，表现为事实意向淡化，价值意向凸显。

有的人就会根据这样一种时代现状操纵舆论，控制舆情，例如之前发生的小悦悦事件。网络上用一种不完整的真相去谴责中国人失去道德，这恰恰表明我们不是缺德而是缺法，对于网上发言的主体的权利和责任没有落实，谁都可以不加考察地胡乱发言。这种现象既是进步，又是挑战。进步在于破除了真相主义的迷信，挑战在于人们如何把握和反思价值思维。过去人们不重视价值，以为只要查清真相，之后怎样做是不言而喻的，这是认知主义的迷信。就一加一等于二这个问题，普通人认为这是常识，如果有不同看法，那质疑结果的人也是被当作有问题的。但是人们忘记了一加一等于二是有条件的，在十进制的算术条件下一加一等于二，而转换了条件后，可能得出不同结果。在现实中什么样的"一"怎样"相加"，会得出不同的结果。研究问题的角度不同，导致答案不同。然而现实中人们还存在认知主义迷信，即把价值命题当成认知命题，只给出唯一正确的答案。真正的科学问题不需要争论，而日常生活中的纠纷多半是价值判断问题。价值判断的问题有自身的特点，不能用认知主义的思维去理解，而要确立主体性思维。

后真相时代不是否定知识、真理，而是在更高阶段上回归真相，破除认识论上的独断主义。康德解释的独断主义是对自身的认识能力和认识条件不加反思，轻易地给事物下判断、作结论。后真相时代是一个破除认识论独断主义的时代，之所以破除是因为我们现在认识的对象不再是简单的外部事物，而是人类自身活动中的种种现象，甚至是我们人类活动的本身和整体。真理是具体的，有条件的，是一个过程。比如从人类历史看一棵树的价值，最开始处于原始阶段我们用它生火，之后用于建筑，再然后变成文学描述对象，现今是具有生态价值。树的价值随着人类社会发展越来越多样，这不是由于树木本身发生了变化，而是人愈来愈丰富。人的认识能力的层次，决定了视野的宽窄。人的认知和知识体系是滚雪球式的发展，在原有的基础上增加和扩大。唯物主义者任何时候都不能放弃对真相的追求,这是人类安身立命的前提。我们要从不同角度动态地考察真相,思想开阔,头脑灵活,尽量做到对真相的全面把握。对于眼见为实这一提法存疑,不是不相信眼见的东西,而是要学会分析眼见为实的"实",区分"事实"和"对于事实的解释",即区分表面的事实和真实的事实。要更新我们的认知图式,学会鉴别谎言和欺诈,重要的方法是:区分"事实"和"对于事实的解释"。宣称可以超越科学知识和真理的解释,是不可信的。科学研究的道路就是把未知变成已知,相信科学,就是相信人类自身。

后真相时代把人的价值意识提到重要的位置,而非真相决定一切,所以我们要坚定自己的价值取向和立场。越是人的价值取向权重越来越大的时候,我们对自身的价值意识越是要自觉,对自身的价值取向越要坚定。如同走在十字路口,因为不同的原因和目的,大家方向各不相同。落实到自身,就必须清楚自己要走向何处,不能随大流跟着走。所以我坚决支持中国搞中国特色社会主义,不去模仿和复制其他国家,清楚自身的条件和原因,走中国特色社会主义道路。对于价值问题的选择,主体之间不能相互替代,比如一个人吃饱了而另一个还饿着,不能平均为两个半饱。

那么多元价值之间应该怎么办?如今我们进入到习近平新时代中国特色社会主义时期,如何理解"新时代"这样一个提法尤为关键。新时代新在何处?从价值关系角度来看,新时代始于冷战结束。冷战之前,社会奉行丛林主义原则,表现在价值领域是弱肉强食,赢者通吃,主宰和奴役别人。二战之后,世界分为两大阵营,冷战开始。冷战中双方针锋相对,随后社会主义阵营遭到重创。然而之后的事情并不像西方所预料的那样美国称霸、资本主义统治世界,相反资本主义阵营内部产生分裂,第三世界开始崛起。两极变多极,这是人类历史上划时代的变化,人类开始真正认识到何为多元世界。"多元之间如何达到平衡"这个问题被提出并引发思考。在这个百年未有之大变局中,我们要抛弃非黑即白的思维,尊重彼此之间的权利和责任,遇到矛盾冲突时,抛弃比较式对话,倡导合作式对话。不以党派为中心,而以问题为中心展开对话。倡导共赢局面,在同一个价值链上各得其所。在竞争中更注重过程而非结果,相互交流,彼此学习,共同进步。这是一种帮助人类走出困境的思维方式,这一思维方式要建立在价值的主体性和多元性的基础之上。构建合作式对话是一个方向,有史以来人类成功解决很多矛盾冲突也是靠这种方式,它并不是从来没有过的。今后大家能否普遍采用这种方式解决问题,能否放下身段和别人平等交流,而不是居高临下地对待对手,是很多冲突能否化解的关键。

【执行编辑:尹　岩】

作为社会价值观念的人文精神

陈新汉*

人文精神是"类活动"在意识中的历史积淀。"人文精神"是独特的中文名词。《中国大百科全书》哲学卷、《哲学大辞典》和《辞海》的条目中没有"人文精神",但有"人文主义"。"刚柔交错,天文也;文明以止,人文也。"建构为我关系,从而达到"观乎人文以化成天下"的目的。"化成天下"就是在"人文"活动中构建价值世界。"人文"活动就是体现"类活动"的实践。人文精神是关于"人文"活动的"精神"。人文精神就是存在于社会意识中的社会价值观念,是实践在意识中的历史积淀。实践是人类社会得以生存和发展不可须臾失去的活动,与人类社会共始终;与其他社会基本价值观念相比较,作为实践意识积淀的人文精神所依存的社会基础最为宽广,所形成的时间最为漫长,因而就成为社会基本价值观念中最基本的和最具有影响力的社会价值观念。在人类历史进程中,如果没有人文精神,就像黑格尔说的在一座庙堂里"其他各方面都装饰得富丽堂皇,却没有至圣的神"。在宗教中,信徒们对作为"至圣的神"的上帝、释迦牟尼和真主等顶礼膜拜,充满着油然而生的崇敬和畏惧之情。无论是自觉还是不自觉,把人文精神作为"至圣的神"而敬畏之。

人文精神的两个核心意识。人在"类活动"的实践中使"生命活动本身变成自己的意志和意识的对象",由此就使生命活动由自己来支配,于是

---

* 陈新汉,上海大学社会科学学部(筹)哲学系教授、博士生导师,主要研究方向为价值论。

人就能通过生产自己的物质生活来达到支配自己的生存环境而成为主体；生命活动把握内在必然性和外在必然性的统一，形成以主体固有爱好方式体现的与自愿相联系的目的和以主体自我设定方式体现的与自觉相联系的方法，从而就能理解黑格尔说的，自由就"在于没有绝对的外物与我对立"。这就是人文作为"类活动"而区别于动物的两个本质特点。与生命活动由自己来支配相对应，人文精神具有主体意识，"人是目的"，"成为一个人，并尊敬他人为人"；与在生命活动中把握内在必然性与外在必然性的统一相对应，人文精神具有对自由的追求意识，即人的自由而全面的发展，也就是"每一个社会成员都能够完全自由地发展和发挥他的全部力量和才能"，由此就能"把自身筹划到最本己的能在上去"。人文精神就是人类在构建价值形态世界的"人文"活动中所积淀的追求自由的主体意识。在人文精神中，主体意识的凸显和对于自由的追求彼此不能分离，只有在对自由的追求中才能凸显主体意识，主体意识的凸显体现在对自由的追求中。然而，二者的地位不是平等的，对于自由的追求是为了凸显主体地位，而不是相反。人文精神是一个整体，其核心内容就是追求自由的主体意识。

人文精神是具有民族性和时代性的"世界精神"。人文精神作为实践意识的历史积淀，形成于历史上各个民族构建价值的活动中。这就决定了人文精神在不同的民族那里必然会有不同的形态，然而以不同民族形态呈现的人文精神在本质上都是追求自由的主体意识。人文精神在各个民族中的发展形态同时经历了各个民族发展的不同时期，具有各个民族不同的时代性。在当今的数字化世界中，时代性就具有了"人类命运共同体"的世界历史意蕴。人文精神由此具有世界历史意蕴的时代性。黑格尔所谓的"精神"，在历史唯物主义理解中就是作为实践意识在历史中积淀的人文精神实践在历史进展中的根本作用决定了作为实践在意识中历史积淀的人文精神在历史进展中的作用；这种作用尽管是第二性的，却体现着社会意识对于社会存在的反作用，体现着人类创造历史的能动性。

【执行编辑：尹　岩】

主体之后的"犬儒"

邹诗鹏[*]

今天在中国研究价值论,我们有时候要往前走一步,有时候又要后退一步。我之前研究的虚无主义,既包含价值论层面又包含存在论层面,同时还有社会层面,内容还是较为丰富的。我认为我们今天的价值论研究,似不应用一个在理论层面很小的范围去度量实际上很宽大的对象,如果能做到这一点,价值论才能真正持续扩大影响。比如现在我们讲的虚无主义、民粹主义、民族主义、核心价值观等,铺开来都值得研究。另外,不同代际的价值观值得关注。例如90后的价值观就和上一代不一样。我们之前开展了一个关于"佛系"概念的研究,请了一些20世纪80年代出生的人来说说看法,其实还应该请一些20世纪90年代出生的人来说说他们对"低欲望"的看法。这些概念实际上体现出80后、90后非常鲜活的价值观,尽管相对于主流文化而言它们常被称为"亚文化",但属于中国相当一批人的生活态度与存在方式。如何把这些东西纳入我们的视野中来,是当今价值论研究面临的重要课题。价值论研究是不能脱离感性的,应当"接地气"。

我今天发言的题目为《主体之后的"犬儒"》。在哲学史上非常令人难堪的是,当每一个时代主体成就非凡时,接下来的就是犬儒。古希腊理性主义辉煌之后即出现了犬儒主义,中国在先秦哲学百家争鸣后出现魏晋玄学。马克思当年就提出这样一种观点,也许我们在理解东方社会时不得不

---

[*] 邹诗鹏,复旦大学教授,教育部长江学者特聘教授,主要研究方向为哲学基础理论、马克思主义哲学、国外马克思主义研究、现代性研究、社会政治理论。

引入一种回复的观点，即回到过去，意味深长。而今我们不得不面对的是犬儒主义，透着一种无力感。我们分析主体性时，实际上应分为三个步骤：首先，在知性上求真；然后，敢于表达真；最后付诸实践，这个过程看起来一步比一步难。在马克思看来，历史法学派在一定程度上就是犬儒。经过《1844年经济学哲学手稿》的分析，他认为国民经济学依然是犬儒主义，表现为利己主义的精明算计与道德高调。我们今天讲的"揣着明白装糊涂""闷声发大财""精致的利己主义"之类，在马克思那里可没有什么好评价。马克斯·韦伯阐述的所谓这样一个合理化的结构，最后还是万劫不复，其中就包含着一切都无所为的犬儒主义。合理化行为背后没有主体，典型的例子是科层制的存在。每个人都有一个要对其负责的上级，但经过层层追溯后，背后是没有需要对其负责的主体存在的。在这样一个时代，大家已经习惯于不去追问，心照不宣，而犬儒主义则表现得淋漓尽致，但会令马克思乃至于哈贝马斯等怒不可遏，在他们看来，依然要对现行制度展开批判，如果没有批判就无法澄清这个问题。

　　刚才说没有主体，但这里其实是有一个"The Big Other"（"大他者"）作为名义主体的问题，而且这个名义主体，正是控制大人的客体，只不过这一客体已经采用了主体的形式，即代言。不过，有一个大他者在，人们便为自己的迫不得已及其犬儒寻找借口。犬儒表现为实实在在的从众，别人都这么干了，所以我也就这么干。但究竟应如何看待犬儒主义？斯洛克戴克的说法：犬儒主义是启蒙了的虚假意识，讲的是当代的犬儒主义。不过，在《虚无主义研究》中，我把犬儒主义看成是虚无主义的一个亚形态。看上去，后现代主义的"anything goes"，本身就把主体的根基抽掉了，后现代主义可以看成是犬儒主义的表现方式。按照福柯的观点，人们最终是能找到主体的，但这个主体不是先验的给予，得由人来寻找。马克思也是如此认为，他甚至把这个观点推到极限：如果不能找到这样一个主体，那就去改造世界，然后再来解释世界。主体性是马克思哲学成为马克思哲学的关键概念，在那里，自由与解放融为一体。现在我们需要重新思考这一问题，如果的确是存在一种程序的合法性，有一个"大他者"（如技术）在安置我们，那么仍然就有一个常规的作为逻辑的逻辑，这就涉及价值论的核心。对马克思而言，谈价值就必然涉及解放，马克思是在法国启蒙思想的基础上，更好地表达和论证了人类解放，即人类何以需要实现从必然王国到自由王国的超越。

超越是根本的东西。在这一意义上，如果没有一种超越性的话，我们也就把犬儒主义当成一个常态的消极的模式，包括对所谓物化意识深层的顺从，或者说其完全是一种消极的生存姿态，如此才能把握犬儒主义何以是启蒙了的虚假意识，但正因为如此，主体之后的犬儒，是无可奈何的选择。前面说到求真的三个步骤，其实，就个体而言，达到亚里士多德意义上的求知并不难，犬儒主义的问题不在于无能力求知，而在于既缺乏直言的勇气，又缺乏实践的能力。

犬儒主义还会自觉地让步于一种自觉的历史回复意识。我们默认人的进步，但实际上文化是往后走的，犬儒主义会成为护身符，甚至于形成一套辩护说辞。但主体性的沉沦毕竟问题重重。现在，人看上去已经特别有教养，也遵从秩序，但是教养在很大程度上也变成某种霸凌的天然土壤。然而，尽管披着现代文明的外衣，但如果构成了一种大家都不愿意看到的霸凌模式，实际上恰恰是我们每一个都自觉或者不自觉地主张犬儒主义的人的责任，在西方，激进的民粹主义的后面，是"在下者的犬儒主义"。这种犬儒主义充满了虚无感与荒诞感，它本身就表征着一种存在论上的本质性的无可奈何状态。当今青年人的"佛系"状态，其本身也是犬儒，因为他们觉得没指望，越来越底层化，改变不了世界，也改变不了自我，一切顺其自然，"葛优躺"，就那样了。这样看来犬儒主义也不是特殊状态了，它成了一种价值观，而且是完全未经反思的价值观念，自20世纪90年代的玩主心态到今天"名正言顺"的犬儒主义。亚文化无妨，但这样一种价值观的流行，对于国家而言是令人不安的，有时候也是危险的。因为年轻人，正如毛泽东所讲的，是早上八九点钟的太阳，充满朝气与活力，积极向上，如果年轻人的价值取向也变成了犬儒主义，恐怕就不仅仅是主体的无选择，而是时代精神的某种病理状况了。

【执行编辑：尹　岩】

价值观比较前提的思考

陈新夏[*]

价值观比较的目的是促进不同价值观之间的相互借鉴和融合，因此，比较的前提是确定比较的尺度，我们认为，这个尺度就是价值观的先进性，而衡量价值观先进与落后的标准，应当为是否有利于社会进步和人的发展。肯定价值观先进性的前提，则是承认价值的普遍性和普遍价值，为此，必须克服和超越价值特殊论。

在当前的价值研究中，存在着以价值特殊性否定价值普遍性从而否定普遍价值的价值特殊论。一些人以价值的多样性否定价值的同一性，以国情和特色拒斥和否定普遍价值，只强调不同民族的价值各具特色各有其好而否定它们之间的可比较性，进而抹杀各种价值之间的先进与落后之分别，主张价值的本质是存异而不是趋同。

价值特殊论的危害在于，否认价值的可比较性，从而否定价值的先进性，难以真正确立价值自信，因为如果价值只是特殊的，相互之间就不能比较，也就无所谓优劣，无所谓先进与落后，其结果就是，不能切实认识到自身价值的优势与不足，特别是不能意识到自身价值的缺陷而加以弥补，不会自觉追求并创造先进价值，见贤思齐，自觉学习和吸收其他优秀价值。可见，价值特殊论为价值观的比较设置了障碍。

否认价值取向的可比较性，既有认识方面的原因，即将价值的特殊性

---

[*] 陈新夏，首都师范大学教授，主要研究方向为价值哲学。

与普遍性对立了起来,更有缺乏价值自信方面的原因。我们认为,所谓价值自信,根本上就在于坚信自己的价值站在道义的制高点,优越于其他的价值,而坚信自己价值的优越性,就不怕比较,就会承认价值的可比较性。因此,否定价值的普遍性和普遍价值的实质就是怀疑自己所持价值的先进性,担心自己所持价值会在与其他价值的比较中相形见绌。

价值既具有特殊性又具有普遍性,因而各种价值之间既具有可比较的一面又具有不可比较的一面。可以比较的显然不是它们特殊的方面,例如特殊的价值内容和样式,因为这些特殊的方面各具特色、各美其美,就像大自然中的花朵,各具特有的芬芳和色彩,无所谓优劣和高下。这就意味着,不同价值之间可以进行比较的只能是它们共性的方面,即具有较高普遍性的价值取向和价值观。

价值是普遍性与特殊性的统一,因而价值上的特色或者说"只此一家,别无分店"的独特性,并不一定是价值自信的根据,更不是价值自信的唯一根据。所谓"价值上的特色并不一定是价值自信的根据",是因为有的特色正是某种落后性的表现;所谓"价值上的特色不是价值自信的唯一根据",是因为价值自信既要基于价值的特殊性,更要基于价值的先进性。

价值自信要基于价值的特殊性,任何一个民族都会因本民族文化与价值独特的内涵和样式、独特的历史和魅力而对其自发地、由衷地热爱和欣赏,从而就会有不同程度的自豪感,有一定的文化和价值自信。正是在这个意义上说,中国人的价值自信首先就源于中华民族独特的历史经历和源远流长的优秀文化传统。

价值自信更要基于价值的先进性,先进性是价值自信最坚实的基础,因为只有具有普遍意义的先进的价值才能既为自己又为他人所赞赏,从而以先进价值为基础的价值自信才是更加具有普遍意义和长久生命力的价值自信。

对一个国家或民族而言,价值自信既要基于价值的特殊性也要基于价值的先进性。就此而言,价值自信不是坐井观天、故步自封、夜郎自大、孤芳自赏。一个民族在价值上的成熟既体现为价值自信,不妄自菲薄,又体现为在价值上有自知之明,不妄自尊大。

回到价值观比较的问题上。确认价值比较的前提是超越价值特殊论,而超越价值特殊论的前提，是承认价值的普遍性并承认普遍价值。只有承认价值的普遍性并承认普遍价值，才能承认不同的价值具有先进与落后之别，从而使价值的比较具有相互借鉴的意义。

承认普遍价值是可能的。对此，可以从价值的特殊性与普遍性的关系上来理解，可以从价值的历史性与普遍性的关系上来理解，以及可以从价值的层次性与普遍性的关系上来理解。

承认普遍价值是必要的。只有承认普遍价值，才能使马克思主义价值取向站在人类道义的制高点；才能构建多元一体的价值环境，促进社会的价值观建设，增强社会的凝聚力；才能自觉建设先进价值，提升软实力；才能自觉吸收人类先进的价值，始终保持价值的先进性。

具体到"中西价值观比较"的问题上，当代中国的价值观建设既要根植于时代和实践并继承传统，又要自觉吸收人类的先进价值。为此，绝不能拒绝与其他价值的比较，不能在价值上离开人类文明大道另寻他途，而是要在弘扬本民族文化和价值优势的同时积极借鉴和吸收人类具有普遍意义的优秀价值，在人类文明的大道上继续前行。

在价值比较问题上还要澄清一种认识，即对价值观"和而不同"的认识。价值的普遍性和特殊性与其层次性直接相对应，一般来说，价值的层次与其普遍性成正比，与其特殊性成反比，越是高层次的价值取向就越是具有同一性和普遍性，越是低层次的价值取向则越是具有特殊性，鉴此，在有些层次较低的、具有较强民族、文化或地域特征的价值，可以且应当"和而不同""各美其美"，保持和弘扬自己的特色，有些层次较高的、具有较高普遍性的价值则应当趋同、应当"美美与共"。因此，在价值取向上不能片面地强调特殊性，也不应不加区别而一味地主张"和而不同"，而应当根据所涉及价值的层次而区别对待。

【执行编辑：尹　岩】

中西价值观异同和
社会主义市场经济

胡振平[*]

最近重读了冯契先生的价值论著作《人的自由和真善美》，并结合本人过去撰写《自由论》和《市场经济与价值观》的研究思考，提出以下关于当今中国价值论研究的一些观点。

一 争取人的自由是价值问题的总纲

什么是价值？价值是客体对主体的关系，它源于主体的形成，有了主体的人，才谈得上我们所说的价值。主体通过实践等活动，包括观察思考，化自在之物为为我之物，就建立起了客体对主体的关系。"最广义的价值就是指为我之物的功能"[①]。

当人独立于自然界形成了自我意识（与工具有关）就开始成了有目的的主体，在适应自然中又按自己的要求变革自然，在对象化的过程中又反过来提高着自身的能力，从而不断争取更多更大自由。"为我之物既是真理的实现，又是人的目的的实现"[②]，目的的实现，不仅包含着对对象本质规律的把握，还包括自身要求（广义的好）的达到，因而追求自由的过程，

---

[*] 胡振平，上海社会科学院研究员，主要研究方向为价值哲学。
[①] 冯契：《人的自由和真善美》，华东师范大学出版社，1996，第12页。
[②] 冯契：《人的自由和真善美》，华东师范大学出版社，1996，第12页。

也就是不断追求科学的真、道德的善、艺术的美的历程。人类的发展史，也就开始有了自由的要求，即亚里士多德说的"人本自由"①，并且不断追求自由解放的历史。所以冯先生又指出"人要求自由的本质具体展现于价值领域"②，并且认为"评价是一种比较"，"评价就是用理想规范现实"③。而这里所说的理想是与目的相通的，包括真善美的结合。

为此，冯契先生提出了四个界：本然界、事实界、可能界、价值界，而"价值界就是人类的文化"④。"在自然上面加人工，人就把理想形态的观念对象化，这就创造了价值"⑤。他还提出："自由的劳动——合理的价值体系的基石"，"所谓合理，就是合乎社会发展和合乎人的本质力量的发展。人的这种合理的要求和目的得到贯彻，就是自由"。⑥

我体会冯契先生这些丰富的价值论思想（这里只是例举了一些观点，其他还有很多内容不能一一例举，如手段的价值、内在的价值等）是围绕着自由问题而展开的。它们值得我们今天研究价值哲学的同仁们思考。

二　中西价值观之异同

人之为人，总有些共同的相似的基本要求，不仅是饮食男女，而且包括社会生活方面的一些共通的东西，譬如求知、交往、受尊重、相亲爱、生活之美好、生命之繁衍等。这就涉及中西价值观，体现了人类在价值追求上的相通之处。然而，就像没有完全相同的两片树叶一样，每个人作为主体，总是具体的、特殊的、独一无二的，不仅有立场上的差异、兴趣爱好的差异、认识上的差异，而且作为社会成员之一，带有着不同地位、不同环境、不同遭遇的差异，更何况在相同境遇下主体也会有着不同的选择，走不同的道路，正如毛泽东指出的"共性，即包含于一切个性之中，无个

---

① 〔古希腊〕亚里士多德：《形而上学》，吴寿彭译，商务印书馆，1959，第5页。
② 冯契：《人的自由和真善美》，华东师范大学出版社，1996，第62页。
③ 冯契：《人的自由和真善美》，华东师范大学出版社，1996，第72、74页。
④ 冯契：《人的自由和真善美》，华东师范大学出版社，1996，第94页。
⑤ 冯契：《人的自由和真善美》，华东师范大学出版社，1996，第95页。
⑥ 冯契：《人的自由和真善美》，华东师范大学出版社，1996，第100页。

性即无共性"①。我们认识研究事物更重要的是把握它们的个性、特殊性，这就叫作具体问题具体分析。马克思主义的精髓在此，价值观上也是如此。

泛泛而谈中西价值观的比较是不妥的，因为：① 无论从中国还是从西方来看，价值观上都是多种多样的，中国有诸子百家，西方也有各种流派；② 时代的变迁以及交往情况的变化，也使得中西方价值观不断发生着变化，既有着对立，又有着相互渗透相互影响，譬如中国近代受西方进化论影响就比较大，强调个人意志、个体本位的思潮也迅速蔓延……用冯契先生的提法叫"中国近代价值观的革命"。

然而，价值观是人的价值观，人是社会的，社会历史对于生活于其中的人有很大影响，即使生理方面的要求往往也盖上了社会历史的烙印。所谓人以群分，就是因为地位、处境、利益等方面相近，各人所求有共同点，在价值观上也会有所呈现，所以中西历史环境的较大差异也使之价值观上的异同成为可以讨论的问题，只是不能将这种异同绝对化。

中西价值观上的异同，尤其应当注重的是自由观上的异同。对于当今中国人来说，更应注意近代中国特别关注的群己关系上的自由问题。冯契先生指出："真正自由的道德行为就是出于自觉自愿，具有自觉原则与自愿原则统一、意志和理智统一的特征。"② 中国传统中比较注重自觉原则，西方传统相对而言比较注重自愿原则。而对自由这个概念来说，自愿选择是前提和基础。所以中国传统中比较少地谈"自由"，而谈起来往往也是谈"不自由"。中国古代哲学也始终没有把自由作为哲学范畴进行讨论，而代之以天人之辩、名实之辩、知行之辩贯穿于中国哲学史中。

形成中国传统上重自觉、轻自愿的特点与中国较早进入农耕社会，而且又面临着大江大河的地理环境，特别需要集中统一地治理水患有关。长期的大一统封建专制社会也要求相应的儒家意识形态为之服务，汉以后独尊儒术则进一步强化了这种重自觉、轻自愿的传统。近代中国又与西方社会有所不同，它是在外族入侵、民族危亡的情况下步入近代社会的，反帝反封建是主要任务，残酷的阶级斗争尤其是帝国主义、封建主义力量又格外强大，迫使革命阶级虽然也讲个性解放（反对封建主义），但进入革命队

---

① 《毛泽东选集》第 1 卷，人民出版社，1991，第 320 页。
② 冯契：《人的自由和真善美》，华东师范大学出版社，1996，第 220 页。

伍之后往往更加强调组织纪律，强调坚强的统一领导。因此，发展自我、实现自我这些涉及个人自愿原则的东西就讲得比较少。尽管许多领袖人物也曾强调大同团结和个性解放的统一（李大钊），期望"又有集中又有民主，又有纪律又有自由，又有统一意志、又有个人心情舒畅、生动活泼的政治局面"（毛泽东、邓小平），但是革命任务之艰难，使之较难达到，为了革命成功，为了民族复兴的大业，不得不强调奉献、强调纪律、强调服从、强调集中。

三　社会主义市场经济和人的自由

马克思在《政治经济学批判（1857—1858年）草稿》中把人类争取自由的历史分为三个阶段：人的依赖关系、以物的依赖性为基础的人的独立性，以及建立在个人全面发展和他们共同的社会生产能力成为他们社会财富这一基础上的自由个性。他认为"第二阶段为第三阶段创造条件"①。目前中国，国家虽然独立了，但是整个社会经济状况不仅是处于第二阶段（物的依赖性），而且由于从半殖民地半封建社会脱胎出来并非很久，封建传统的影响依然十分严重，人的依赖关系还相当严重地存在着。艰巨的历史使命和沉重的历史包袱，使我们在中华人民共和国成立后一段时间里比较忽视了个性发展和个人自愿的原则，以至于走向极端，"文革"就是表现。但是错误和挫折教训了中国共产党人，改革开放，社会主义市场经济建设道路的探索，从某种意义上使我们更加注意了自愿原则，并且注意把自觉原则和自愿原则结合起来。市场经济体制方向的改革实际上就是从当今中国的实际（包括物质的和精神的）出发，将生产的收入与社会的需求通过市场直接挂钩以激励企业的生产积极性，并以此调动各种生产要素向高效益方面流动。这就将调动积极性落实到了制度层面上。千军万马成为相对独立的主体，积极投身于市场经济的海洋，自由地发挥其聪明才智和创造的力量，在改革开放的大潮中既服务于社会又赢得了自己的利益和自身的发展。这就是市场经济的巨大威力。这也是自由，特别是自愿原则的

---

① 《马克思恩格斯全集》第46卷下，第104页。

巨大威力。

与此同时，与西方国家所谓自由市场经济①有所不同，我们又在马克思主义立场上，即人民大众的立场上，总结国内外市场经济发展过程的教训，比较清醒地认识到市场机制的负面效应。社会主义市场经济法律体系的建设和国家对于社会经济的宏观调控和引领则从另一方面体现了代表人民利益的党和国家主体主观能动性的积极发挥。一方面规范着千万市场主体的行为，使之不至于失范，保证社会主义市场经济正常运行；另一方面，在一些市场经济还不大涉及而社会又迫切需要的领域，政府的引导、调节乃至参与则从宏观上保证社会的更理性更科学的发展。这些生动地体现了中国共产党通过实践逐步认识中国社会发展的客观规律性，并且运用对于市场经济运行规律的把握，趋利避害、趋善避恶，构建起中国特色的社会主义市场经济体制。这就是能动的革命的反映论在当下中国的实践，也是中国特色社会主义道路的要义所在。它也体现了主体的自觉原则的运用，积极地推动着社会发展。

"创新、协调、绿色、开放、共享"新发展理念（实际上也是价值理念），鲜明地体现了既积极扩大开放，更好地发挥市场机制作用，使各个经济主体更为自由地创造和发展；同时又以绿色、共享等理念引导和校正市场机制在发展过程中会导致的不顾生态、两极分化等负面倾向。这些理念体现的不是单纯从资本的利益、个体的利益出发的价值取向，而是人民主体的价值取向。而其中十分需要进一步探讨和解决的还是自觉和自愿的统一，国家、集体和个体的统一。

我们坚持人民主体，国家利益、集体利益为重，这是对的；但是另一方面，离开了一个个个体，离开了大多数个体的利益、大多数个体的自由和意愿，那么这个群体、共同体或者说人民共和国就会是空洞的。真正的共同体，必须尊重每个个体的合法权益，也只有个人的个性得到尊重，其合法权益得到保护，才能真正调动起各个地区个体的积极性，从而也发展

---

① 其实西方国家市场经济也有个变化的过程。迫于不断产生的经济危机，后来形成的现代市场经济体制不同程度上也有了国家干预，但由于站在资本特别是大资本的立场上，这种干预不仅后滞，而且是为着维持资本的高额利润。具体分析参见胡振平：《市场经济与价值观》第三章第二节"市场经济的演化和价值取向的差异"，上海社会科学院出版社，1998，第76—92页。

了共同利益。更为根本的是，我们共产党人的最终目标"将是这样一个联合体，在那里，每个人的自由发展是一切人的自由发展的条件"①，虽然我们还远没有到那个境界，但是今天迈出的步伐应当是向着那个方向！这样才真正是人民主体的价值取向。这里就不仅是个物质利益问题，还有精神生活的问题，不仅有国家的富强问题，还有每个个人的全面发展的问题，不仅有眼前的发展问题，还有长远的发展问题，尤其是每个人的本质力量的发展问题。而要做到这一点，党和政府必须"不忘初心，牢记使命"，不断提高为人民服务的自觉性。

【执行编辑：尹　岩】

---

① 《马克思恩格斯选集》第 1 卷，人民出版社，1995，第 294 页。

中国化的价值论研究转向

胡海波[*]

价值问题的研究，首先是对价值本身的理解。这对中国价值学会来说不是什么新问题了，但是就一般的哲学意识和群众的价值观念而言，这还是一个值得探讨的问题。比如现在提到意识和价值，就必然引出价值观，接着引出价值教育，最后引出的是意识形态规范。这种对于价值观的理解，已经和价值这一概念的本质背离了。价值问题究竟是什么？价值问题的视阈究竟触及哪些方面？这些问题在价值论中是要深入持久研究的。这些价值问题的基础理论问题，现在来看还没有解决。价值问题本身的狭义内涵和它与其他问题交织在一起的复杂性问题都值得研究，比如，真理问题、价值与信仰问题，等等。这些问题的核心就是价值主体。何为价值？这一问题的实质还是谁具有价值，过去我们在这一问题上的说法是需要和满足需要，以及以社会主体为本位的个人奉献说，这个被作为是集体主义价值观的标志。这个观点对我们还是有影响的，它消解了价值的生命力、创造性，把价值变成一个被动的概念。价值成了让人奉献、丧失自我、消解主体性的东西，这样就违背了价值的本义。所以关于价值本身的问题还需要进一步探讨。价值是与人同在的，至于国家和社会则是人实现自我追求的环境和条件。我们为了国家和社会的文明化所作出的努力，其实也是为了自身的发展所作的努力。要解决这一问题，既需要从学术上解决，又需要

---

[*] 胡海波，东北师范大学教授，主要研究方向为价值哲学。

从意识形态上解决。学术方面要在理论思维方面作出一些判断,意识形态方面要社会化、现实化。我们不禁要发问,社会上层建筑什么时候能受到学术的影响?并且什么时候作为权威性的文本固定下来才能良性地影响社会?学术和上层建筑中的意识形态一直有着千丝万缕的关系,而价值论研究是这种微妙关系中最敏感的地带。意识形态和学术研究的接触是非常直接的,中间没有什么空白地带。所以从这一层面上来讲,中国学术界的价值论研究怎么能影响意识形态,成为其吸收思维方式的资源,是值得学术界深思的。我觉得这一点我们是深受斯大林的《联共(布)党史简明教程》42卷之害,应该批判他的思维的保守和落后以及对于马克思主义的曲解。最近我在做相关问题的梳理工作中发现,在42卷写作之前,斯大林并不知道要把《联共(布)党史简明教程》中的部分章节内容写成辩证唯物主义和历史唯物主义。是布哈林和普列汉诺夫从1895年开始,对马克思思想体系当中的哲学思想做世界观、辩证法、认识论的专题研究,以及尝试在唯物主义意义上来写马克思的教科书。后经过德波林学派的争论,由一些哲学家将他们讨论的雏形整理为教科书,分为辩证唯物主义和历史唯物主义,最后经由苏联哲学院批准出版。教科书的出版标志着苏联哲学界统一了对马克思主义的考察方法。这一事件,现在看来,不管思维方式多么落后,并且在何种程度上扭曲了马克思主义,在某种程度上还是有其积极意义的。1938年,苏联共产党写自己的党史简明教程的时候,能够全盘地在体系和内容上吸收苏联哲学家在学术上的研究成果,参考这一教科书的内容,把它作为意识形态的政治文本确定下来,以至于影响后来整个苏联的哲学教育,这是难能可贵的,是值得我们学习的地方。甚至直到现在,中国学界还在受着这种思维方式的影响,可见其影响之深远。但是这一思维方式显然已经不适合当代中国。我国在20世纪30年代摆脱了苏联在军事上对我们的控制,在20世纪60年代摆脱了经济和技术上的控制,在20世纪80年代摆脱了制度上的控制,目前只有思想领域的控制还没有摆脱。苏联教科书对我们的影响是我们目前要解决的问题。上述苏联教科书从1838年一直做到1895年,将近40年时间。如果中国的价值哲学能做将近一半的时间,那对于中国的意识形态将会产生更为深远的影响。这是我的第一个建议。

其次,中国的价值哲学不应该以与西方做对比的方式进行研究,而要采取合作的方式，以问题为导向来追寻我们中华民族自己的文化传统和当代的价值解释。从这一点上来讲，我们的价值哲学还有很大的拓展空间。我们在对文化传统的价值精神的理解上，可能更倾向于道德等伦理意识，生命性和人格性的特点非常强。这里的道德指的是中国哲学中的"天人合一"的道德，不是法学意义上的道德，是具体的、和人自身息息相关的道德。这里的"天"和"人"都是有生命性的，所以中国的价值哲学有极强的生命性和伦理性，与西方的价值精神的对象性和理性有所不同。中国哲学当中的群体性和伦理世界观在经典著作中都有显现，比如通权达变、经权合一等思想。在对于生命伦理的理解当中，是没有对象性的本质规定的，人们对"天"的理解也是没有边界的规定性的，很多都是靠自身修养和心性来把握的。中国人对自身的理想以及价值创造等的实现，很多都是通过反省来把握的。这些是我们的优秀文化传统，现在却被丢掉了。高清海先生在之前用饱含深情的文字概括了自己一生的研究。其实这一生研究的理念和概括，就是关于哲学自我的追求和哲学自我失落的痛苦，以及找回哲学自我的这种探索。这种探索最后带有很大的心性自觉和心性修养的地位，已经带有中国情怀。所以它的类哲学既是普遍性的，也是个性。

【执行编辑：尹　岩】

中西价值观的比较

杨学功[*]

我们需要认真思考的问题是：怎样做才是先进的？或者说怎样做才是有效的、可行的？我认为比较先是一种历史现象然后才是一种思想现象，这是我们谈论这个问题的前提。从历史发展的角度看，东西方未曾相互交流时，西方想象东方和东方想象西方时，带有某种神秘色彩充斥着东西方思维的模式；而这一模式的第一次破冰之旅始于马背上的民族忽必烈和其祖父成吉思汗以征战的方式将其足迹遍布于欧洲；意大利旅行家马可波罗访华并做官在西方造成影响，带有个人主观色彩的认识。明代郑和下西洋对西方的浅层次接触，明代西方传教士来华对中方有了实质性的认识。中西比较之所以在近代以来比较流行，主要是因为中西之间的实质性相遇；在这期间中西之间也发生了思想价值观的冲突，才有了比较的可能。第二种问题就是从近代以来中西价值观碰撞之后，一种方案是洋务派的"中体西用"，虽然事实证明这种方案是行不通的，但是其影响深远。另一种方案便是以胡适为代表的"全盘西化"论。中体西用是向着本体方向发展，是比较保守的方案，而李泽厚的"西体中用"，指的是西方的唯物主义和西方的物质生产方式。我接触到的张岱林先生所提出的综合创新以及最新的中国模式论说的是中国找到一条异于西方的道路等，我个人认为比较先进的是两种文化观，今天还可以把它拿出来作为中西文化比较观的基础，一个是

---

[*] 杨学功，北京大学教授，主要研究方向为马克思主义哲学史、价值论。

我们的前辈冯友兰先生提出来的"中西古今论",老先生在哥伦比亚大学的论文主题便是中西哲学人生比较研究,实际上是价值观的比较,但是他是集中在价值观的层面上去比较的;他在比较的时候就找了许多古代的文献,如有关法家、道家、儒家等各种流派的文献和有关西方古代、近现代流派的文献,然后他就发现实际上中西方的差异比较要具体方式具体对待。他后来发现不是中国文化和希腊文化的比较,实际上这种比较有一个近代的历史前提,这个前提便是当时中国还是以儒家传统思想文化为主的时候遇到了一个完全不同的近代启蒙运动以后的西方文明,这实际上是中国的传统思想文化和西方的现代思想文化的比较,所以他就提出来中西之别,实质上就是古今之意。我认为这是一种具有历史性穿透力的观点。我们今天来比较呢?除非我们认同今天的思想观点是对中国传统思想文化进行了一种超时空的理解,它不仅有时代的价值也有人的超越性的价值,不因人的理解而产生问题。另一种观点是我比较欣赏的,它是说当今世界上任何一个民族任何一个国家都处于一种双文化的时代。双文化的时代是什么呢?一方面你必须遵循现代社会所通行的观念,上午陈新汉老师以及两位胡老师都谈到这个普遍性的问题,普遍性的文化不是西方文化的问题,而是大家所共建共享的共同的文化,所有民族都可以对普遍文化作出贡献,而且通过自己的贡献来提升本民族文化,理论上来讲确实能够在全世界范围内通行。但是事实呢?西方文化创造了一种现代文明,这种文明走向世界,所以结果是什么呢?那就是如今全世界所通行的主体价值事实上还是西方的价值观念。所以我们这里有一个最大的陷阱就是在反西化下的拒斥普遍性为诉求,这样的研究就是绝路,这样的研究注定是行不通的,而且它有可能带来极端的严重消极的路径和灌输中国文化的思想,我们这些年最值得警惕的现象就是价值观方面的比较。我所讲的第三个方面便是中西价值观的比较一定要以普遍性为归属,我们不是要以特殊性为诉求,使中国思想偏离轨道。

【执行编辑:尹　岩】

关于价值哲学发展规划的思考

何云峰[*]

中国价值论的研究已经经过了40年,可以说是成果颇丰,尤其是对于很多概念上的问题的研究。学者们通过各自的分析与努力澄清了许多概念,填补了价值哲学一直以来的许多空白。在此基础上,我觉得我们的价值研究还可以做进一步的拓展。我们现在的研究还是主要停留在价值哲学层面,我们可以往更高的层面即价值学的层面拓展。关于价值学和价值哲学的区别,之前也有学者做过相关的讨论,而我们现在的价值哲学主要关注的是现实中的价值问题,我们是否可以在此之外将整个人类的价值世界的相关问题都纳入我们的考虑范围内,即可以把人的精神世界的问题都做一个详细的系统的分析。所谓人的精神世界的问题,包括信仰问题、价值观念、价值判断及价值评价。可能其中会有不同层次的问题,所以我们可以以价值问题、价值概念及价值哲学思考为基础,向整个人类的精神世界问题发展与转向,从而完成这样一种价值学的建构。这样一来,或许能够帮助我们在哲学这一大的学科之下建立一种可以称为价值学的体系,形成一个二级学科层面的研究,就像现在社会学中对于青年问题的研究逐渐趋于体系化,因此也在着手建立作为青年学的二级学科一样。价值哲学也可以参考这些情况来向价值学学科的方向发展。这一尝试我认为在理论上还是具有可行性与可能性的。我们知道 Axiology 其实本来就可以被翻译为价值学,是

---

[*] 何云峰,上海师范大学教授,主要研究方向为马克思主义哲学、社会管理和教育心理学。

因为它的研究所涉及与关注的范围还是十分广泛的，其在概念基础之上能够关注的问题也是方方面面的，而我们中国的价值哲学已经研究了40年，其在理论与概念等基础层面的研究已经是十分扎实牢固且具有哲学深度了，因此我们也有条件在这样一个基础上往更加广泛的层面去发展，这也有利于我们基于自身的哲学基础去对现实问题进行更为全面与系统的讨论，以此来展现我们这些基础研究所带来的成果的理论深度与重要意义。

【执行编辑：尹　岩】

亟待在信息时代重新刻画人的价值

邱仁富[*]

人类步入信息时代，不仅意味着"人的信息化"和"信息的人化"之间的关系更为复杂，意味着信息的呈现越来越具有革命性、更加凸显人类学特性，意味着信息与人的价值之间面临相互重构的境遇，即信息在消解人的价值，抑或信息在重构人的价值，从信息角度来重新理解人的价值，这是推进价值论研究应该引起重视的重大课题。

一 人以信息方式存在

人首先依存于物能世界，物能存在方式是人类最基本的存在方式。马克思说，"我们首先应当确定一切人类生存的第一个前提，也就是一切历史的第一个前提，这个前提是：人们为了能够'创造历史'，必须能够生活。但是为了生活，首先就需要吃喝住穿以及其他一些东西。因此第一个历史活动就是生产满足这些需要的资料，即生产物质生活本身，而且，这是人们从几千年前直到今天单是为了维持生活就必须每日每时从事的历史活动，是一切历史的基本条件"[①]。人们为了生存就必须从事物质生产，而人们的

---

[*] 邱仁富，上海大学马克思主义学院副教授，主要研究方向为价值论。
[①] 《马克思恩格斯文集》第1卷，人民出版社，2009，第531页。

思想观念是在物质生产过程中逐渐形成的，人们怎样生活就体现了他们怎样的价值观念。这种价值观念的形成和发展既受制于特定的历史条件、生产力发展水平，又受制于主体的需要，受制于主体的认知能力和实践能力，因而建构起人与物的价值关系，形成立足于物能文明基础上的价值关系。

随着生产力的发展，人对物的存在方式的认识也不断深入，特别是随着信息革命的发展，人类逐渐从单纯地对人的依赖性、物的依赖性，转向对信息的依赖性。但信息化时代，并不是说物质的需要就不重要了，甚至否定物质存在对人的重要性，而是在满足物质需要的基础之上，人们对信息的需求增加了，而且显著增强了，甚至有一种宁愿饿着肚子也不愿意错过一场交响乐一样的感觉。因而，人们对物质的需要不再是第一需要，转向把信息需要作为第一需要，进而形成"信息的依赖性"，这也许是人类"自由个性的重要表征"。马克思论述了人的历史发展的三种社会形式："人的依赖关系（起初完全是自然发生的），是最初的社会形式，在这种形式下，人的生产能力只是在狭小的范围内和孤立的地点上发展着。以物的依赖性为基础的人的独立性，是第二大形式，在这种形式下，才形成普遍的社会物质变换、全面的关系、多方面的需要以及全面的能力的体系。建立在个人全面发展和他们共同的、社会的生产能力成为从属于他们的社会财富这一基础上的自由个性，是第三个阶段。第二个阶段为第三个阶段创造条件。"① 在这三种形式转化过程中，特别是"第二个阶段为第三个阶段创造条件"的过程中，信息的依赖关系必将发挥积极作用，从这个意义上说，"信息的依赖性"或许是一个极为值得关注的阶段。

当今世界，毫无疑问，信息化深层次地改变了国家的格局，也改变了世界的格局。一定程度上说，当今世界正处于百年未有之大变局，社会信息化是其应有之义。随着信息革命的异军突起，既为全球经济社会发展注入了强劲动力，又为世界带来许多的不确定因素和许多信息风险。进言之，信息化深层次改变全球经济社会发展结构和人们的存在方式，即人从以物能为主的存在方式，伴随着信息革命的变革，逐渐呈现以信息存在为主要方式。在这里，我们不难发现，信息存在方式应该是人更为根本的存在方

---

① 《马克思恩格斯文集》第 8 卷，人民出版社，2009，第 52 页。

式，信息需要是当今人最重要的需要。人对信息具有天然的兴趣，出于好奇、需要等，人总是对一个未知的信息充满兴趣。在信息世界里，信息不断成为人的认识、交往、自我创构的动力。信息化时代，人终将以信息方式存在（属于在物质存在基础上更高层次的存在），或者说从更为根本的角度看，人是以信息方式存在。这种存在方式，更好地展现了人与物的相互性，这种相互性是以信息的相互性为基础，在展现信息相互性的逻辑过程中，更好地彰显人与物的相互性，彰显信息的人类学特性。从这个意义上说，信息化时代，既深化人与物的相互性，又拓展了人的价值关系，因而信息时代亟待重新刻画人的价值。

二 人以信息为中心的存在方式及其价值反思

如前所述，人类进入了信息时代，人类必将从对物的依赖性游离出来，在社会活动中越来越对信息充满依赖。"人的需要层次越高，越具有信息的性质。在从生理需要到心理需要再到精神需要的发展过程中，物能越来越处于基础地位，而信息则越来越居于界面位置。"① 从这个意义上说，物的依赖性在人的世界中地位开始下沉，成为更基础的地位，而信息的依赖性地位不断上浮，成为更首要的地位。以物质为中心的世界逐渐转向为更加高层次的以信息为中心的世界，这种转变必将引发人们对价值的反思。

信息时代对价值的反思可以从信息的相互性入手。信息的相互性是构建以信息为中心的基础。而感受性是理解相互性的一把钥匙，感受性是主体与外部之间建构起来的一种意识关系，丹尼特把"我们的现象分为三个部分：(1) 对'外部'世界的经验，比如景象、声音、气味、光滑与粗糙的感觉、冷热的感觉，以及肢体位置的感觉；(2) 对纯'内在'世界的经验，如幻想的形象、白日做梦与自言自语时的内部景象及声音、回忆、聪明的主意、突然的直感；(3) 对情绪（emotion）与感受（affect）的经验（感受是心理学家喜欢的一个怪词），包括：身体方面的疼、痛、痒、饥饿'感'；介于身体与心理之间的情绪风暴，比如怒、喜、恨、窘、欲、惊；身体成

---

① 王天恩：《信息需要：人工智能基础研究的重要领域》，《河海大学学报（哲学社会科学版）》2019年第1期。

分最弱的感受,比如骄傲、焦虑、悔恨、嘲讽、悲伤、敬畏和冷静。"① 丹尼特的外部世界经验的感受性、内部世界经验的感受性、情绪的感受性对理解信息的感受性提供了有益借鉴。

信息从其实质上说是一种感受性关系,体现了主体与外部之间的相互性。作为一种感受性关系,意味着主体可以直观地、准确地把握外部信息,避免解释的盲区即"解释的空白"(explanatory gap)② 出现。作为外部经验世界的感受性,主要是主体通过感官直接体验,人们通过感官了解信息,受到信息作用,比如信息的冲击力、信息波等,可以直接对人的感官产生作用,影响主体的判断力等。而作为内部世界经验的感受性和情绪的感受性,更有利于侧重对信息的生产、传播、编码、解码等关注,信息的感受性不仅在于现有的信息关系,还在于未知的信息关系,这种信息关系需要人类在实践中去挖掘,去探寻。人们对信息的把握遵循感受性的路径,使得人们的价值关系不囿于物能存在方式的价值关系,实现人的价值关系的拓展,当然,很显然,也带来信息风险,比如信息污辱、信息安全、信息污名化等,直接影响人的价值判断。因而,以信息为中心的人的存在方式,就不得不对信息本身进行批判,对人的价值进行反思。

信息从其本质上看是一种超越因果关系,以信息方式为主的存在方式,表明人与信息的相互性发生微妙变化。一般意义上说,人是主体,应该是以人为中心,而不是以信息为中心。但是,我们也必须看到,在信息化时代,人创构信息、信息也创构人,人在创造信息的过程中也在创造自身,这是一个互动的过程。一方面,在信息化时代,人人为信息的创建者(比如每个人既可以成为信息源或信息生产者,又可以成为信息载体,承载信息传播),使得个体的主体性得到极大彰显,释放了人的创造性能量。从这个意义上说,以信息为中心不是否定以人为中心或削弱人作为主体的中心位置,而是人的主体作用在更高层次上得到释放,进而解放人的生产力、创造力,更好地彰显人的主体价值,体现了信息的人类学特性。

另一方面,在信息大爆炸的时代,海量信息也在形塑信息世界的过程中把人无意识地卷入到信息漩涡之中,任何人都难以置身事外。从这个意

---

① 〔美〕丹尼特著,苏德超等译:《意识的解释》,北京理工大学出版社,2008,第56页。
② 高新民、储昭华:《心灵哲学》,商务印书馆,2002,第86页。

义上说，人从信息的创构者就逐渐转向信息的消费者，甚至人在创构信息的过程中也在创构自身，而信息在重构、组合、叠加的过程中也改变信息本身，这就构成了人与信息的相互性，而且发展到具有感受性层次的相互性，这就不得不衡量信息的意义和价值。人的信息化和信息的人化内在地卷在一起，深层次地影响、改变人的价值判断，塑造立足于信息文明的价值观念，甚至以信息的"反事实性"影响人们的价值观念。这就不得不涉及信息时代人的价值概念的两个不确定：一是立足信息文明创造更高层次的人的价值；二是信息俘虏人心，使人淹没于漫无边际的信息海洋之中，迷失自我、解构自身。就前者而言，信息时代，逐渐形成一种人与信息的角色转换，人既是信息的生产者，又是信息的接受者，人与信息的相互性演变不是信息围绕主体来生成，而是主体围绕信息来建构，使得信息需要越来越展现出主体的价值特性，进而实现人的价值关系的再造。从这个意义上说，或许人类迎来了一个新的契机，立足信息文明来再造人的主体价值，立足信息创造出更高级的价值需要，实现农业文明、工业文明时代的价值层次向信息文明时代的价值层次跃进。人们对价值的理解也就超越了过去一切既定的价值规定、实践经验、内在体验，它以一种全新的方式呈现出来，必将更加有力地推动人的解放；就后者而言，信息的感受性必将深层次植入人心，改变人的价值观念。从相关关系看，信息化时代，人与人之间关系更加复杂，既更加紧密又更加陌生，既更加温润又更加干燥。大量信息扑面而来，潜在的价值风险无法估量，甚至把人沉沦在信息汪洋之中，从此沦为机械的"信息人"，特别是容易造就干燥的人际关系，解构现有相对稳定的价值关系，摧毁现代社会的价值秩序。因此，在信息化时代就不得不对信息进行价值判断、对人的价值进行反思，这就需要我们把握外在性反思和内在性反思的张力。事实上，价值反思在信息文明时代也是一个亟待深化的问题。

三 在"信息淘金"中刻画人的价值

作为以信息为中心的人的存在方式，主体突破了传统的社会结构，打破了由物能控制的信息不对称的结构，这样就使得社会信息更加扁平化。

即人们平等获得信息的渠道和信息内容就不再是金字塔结构,而是扁平结构,且每个人都成为信息的创建者和使用者,这样,人性的光辉得到显现,人类由此进入了"信息淘金"的时代,这样就更加有利于重新刻画人的价值。

一是在信息创构中刻画人的价值。"历史不过是追求着自己目的的人的活动而已。"[①] 由于获取信息的渠道更加通畅,人们既是信息的创造者,又是信息的传播者,这样就更好地凸显人的主动性和创造性,在物质创构获得中更能展现人性的一面。也就是说,在信息文明时代,人们的实践、创造活动越来越体现主体需要的丰富性和全方位,这样人们的创造活动就更加关注人性化,改变传统的活动中"人为物役"的状况,人性在这里就越得到显现。进言之,人类既是物质的创造者,又是信息的创造者,物质创造和信息创造从根本上说取决于人的需要层次,越是进入高级社会,信息创造的需要就越强烈。在信息创构中刻画人的价值,意味着要重新审视人的传统价值及其相关规范,由于信息的相互性,在信息的创构过程中推动人的价值创构,形成一种不同于过去任何文明的价值,这种价值立足于信息文明时代,更深层地触及人类的内心世界,它以满足人类的信息创构需要、信息消费需要为目的,从而实现了以满足物能需要为主的价值关系转向以满足信息需要的价值关系,实现了"人为物役"向"物为人役"的转变,可以预见,随着信息文明的进程,人类必将开启新的文明类型,创构更加符合人的自由全面发展的价值。

二是在信息共享中刻画人的价值。信息时代最显著的特征在于共享。信息之所以跟物能不一样,就在于有信息共享的独特优势。一般而言,物能共享遵循递减的逻辑,犹如一个蛋糕,分的份数越多,每一份就越小。"一尺之捶,日取其半,万世不竭"(庄子),如果从共享的角度看,取得份数越多,后面剩余的一半就越少。因此,物能时代的共享因为是递减,所以导致人类难以真正实现共享。进言之,人们为了获取资源,甚至独占资源,就容易引发社会冲突乃至战争。而信息共享则不同,信息共享遵循递增逻辑,信息共享是叠加的。这就是说,信息共享得越多,信息就犹如滚

---

① 《马克思恩格斯文集》第 1 卷,人民出版社,2009,第 295 页。

雪球一样，越滚越大，人们就有更大的收获。我们不难发现，信息共享是人类真正意义上可以实现共享的东西。人们越是主动参与信息共享，就越能获得信息量，并在信息的创构中占有主动权、主导权。由此，信息共享亟待刻画共享价值，形成以共享为主的价值存在方式。换言之，从相互性的角度看，满足他者的信息需要在一定程度上也是满足自身的信息需要，特别是在人类面临共同挑战、面临重大风险的时候，越是善于共享越对自身更加有利。因此，在一定意义上说，共享的价值，毫无疑问应该成为21世纪人类价值生成的重要内涵。

　　三是在信息选择中刻画人的价值。人类不可避免地被海量信息所包围，犹如被汪洋大海所围困一样，无处可逃。面对各种信息，人类如何在信息的海洋中淘金，淘出有利于自身存在和发展的有用信息，这就不得不重新刻画"淘金"的价值选择。众所周知，信息对不同人群的意义和价值其实是不一样的，甚至差别很大。有的信息对某些人有意义或有价值，但未必对其他人有意义或有价值，这取决于主体的需求和价值取向。在"信息淘金"的时代，要把握信息的创构、信息的传播、信息消费、信息共享等，需要对信息和"信息需要"进行前提性批判，对信息和"信息需要"进行价值评判。人类具有趋利避害的本能，也有敢于冒险、敢为人先的胆量，有的人为了趋利避害，对信息的择取更多地立足于自身和群体安全，甚至坚持保守的观念。有的人敢于冒险，积极在信息的大浪淘沙中寻找生命的意义，其展现出来的人的价值是不相同的，这就需要勾勒出面向未来社会的人的价值新图景。由此，在信息化时代，人类亟待立足于信息文明基础上重构人的价值关系，推动一种面向未来社会的价值变革。

【执行编辑：尹　岩】

提升社会主义核心价值观的国际影响力

孙伟平[*]

党的十八大提出，倡导富强、民主、文明、和谐，倡导自由、平等、公正、法治，倡导爱国、敬业、诚信、友善，积极培育和践行社会主义核心价值观。2013年12月，中共中央办公厅印发《关于培育和践行社会主义核心价值观的意见》指出：培育和践行社会主义核心价值观，是推进中国特色社会主义伟大事业、实现中华民族伟大复兴中国梦的战略任务。这与中国特色社会主义发展要求相契合，与中华优秀传统文化和人类文明优秀成果相承接，是中国共产党凝聚全党全社会价值共识做出的重要论断。

社会主义核心价值观建设的主阵地当然是在国内，即在中国特色社会主义建设中，通过社会主义核心价值观建设，引领社会思潮，尊重差异，包容多样，最大限度地形成社会思想共识；并凝聚全国人民的目标和意志，唤起大众建设中国特色社会主义事业的热情。但同时，我们也绝不能没有世界视野，忽视对外交往的国际舞台，忽视与资本主义核心价值观的竞争。在当代世界经济全球化、政治多极化、文化多元化的背景下，各种思想文化交流交融交锋更加频繁，文化价值观在综合国力竞争中的地位和作用更加凸显，越来越多的国家把增强话语权、提高文化软实力作为发展战略的

---

[*] 孙伟平，上海大学特聘教授，社会科学学部（筹）主任，马克思主义学院院长，博士生导师，主要研究方向为价值论、智能哲学。

重要内容。从一定意义上说，谁占据了文化价值观发展的"制高点"，谁拥有了强大的"文化软实力"，谁就能够在激烈的国际竞争中赢得认同，争取主动。文化的核心是价值观，文化软实力最主要表现为价值观的吸引力、凝聚力。文化的竞争归根到底是价值观的竞争。西方发达国家凭借其发达的经济实力、强大的军事实力、富有竞争力的文化产业，加上特有的文化强势甚至文化霸权，不断强化其价值观在全球范围内的渗透力和影响力。文化冲突和价值冲突已经成为自20世纪90年代以来国际冲突的主要形式。在这一背景下，社会主义核心价值观不仅需要在中国特色社会主义实践中得到认同，而且需要在国际范围内提升影响力。这既是提升国家文化软实力、打造良好"中国形象"的要求，也是彰显社会主义核心价值观相对于资本主义核心价值观的优越性的要求。

首先，面对西方资本主义国家咄咄逼人的"价值观结盟""价值观外交"和"为价值观而战"，面对资本主义"自由、民主、人权"之类"普适价值"的严峻挑战，必须以文化上的"自觉、自信与自强"，加强社会主义核心价值观的理论研究和实践探索中的创新，超越资本主义核心价值观的视野和境界，彰显社会主义在应对资本主义"现代性危机"和回应"全球化浪潮"中的优越性，凸显社会主义核心价值观的中国特色及其"世界历史性"意义。

其次，从学理上说，社会主义核心价值观的研究有待进一步深化，增强说服力。目前，在社会主义核心价值观的研究方面，还存在不少令人困惑的问题。例如，社会主义核心价值观12个词的准确含义，不同的人的理解存在差别，有时人们之间理解的差距还非常大，因而需要给出"权威的释义"。国家层面和社会层面的核心价值观的界限不是很明确，富强、民主、文明、和谐目前定位在国家层面，自由、平等、公正、法治定位在社会层面，但有人认为，它们都关乎国家和社会，似乎可以互相"客串"。此外，中国传统的文化价值观是建立在过去的经济和社会制度基础之上的，很明显，它们不能简单地"拿来"，但在生活实践中，有人并未加以创造性地转化、创新性地发展，直接就拿来使用了。还有，社会主义价值观和资本主义价值观都包括了自由、平等、民主、公正、法治等概念，但它们之间的本质性区别，仍然没有阐述清楚，或者说，尚未给出令人不得不信服的论证。这些问题都需要从学理上深入地进行研究。只有我们自己的道理讲通了，讲明白了，对他人来说才更有说服力和吸引力。

再次，有必要推动核心价值观的内容和形式创新，特别是提炼高于"自由、民主、人权"之类"普适价值"的社会主义核心价值理念。所谓核心价值理念，是一定的文化价值观体系中居于基础性地位或支配性地位的观念，是标志一个文化价值观体系性质的观念。社会主义核心价值理念是中国特色社会主义理论或中国化的马克思主义的有机组成部分，是中国特色社会主义建设的旗帜和方向。提炼社会主义核心价值理念，应该遵循以下四个原则：① 以中国化的马克思主义为指导；② 在提炼过程中，既要继承前人的文化遗产，也要虚心学习世界先进文化；③ 无论是继承前人的文化遗产，还是虚心学习世界先进文化，都有一个在生活实践中"以我为主"，自主选择、消化、改造和创新的问题；④ 坚持以"立"为本，以"向前看"为取向，以建设性、创造性的态度进行提炼。据此，我们通过研究初步认为，社会主义核心价值理念具体可以表述为：人本、公正、民主。运用"人本、公正、民主"之类社会主义核心价值理念，可以直接批驳和超越"自由、民主、人权"之类"普适价值"，提升中国特色社会主义的文化话语权和文化软实力。

最后，必须加强国家文化传播力建设，更新全球化、信息化时代的文化传播途径和手段，有针对性地、生动有效地、注重实效地进行传播、宣传，彰显社会主义核心价值观的影响力、感召力和引领力，提升社会主义核心价值观在国际上的价值认同和国际话语权，提升中国的国家形象，形成与我国历史文化传统和国际地位相称的文化软实力。

【执行编辑：尹　岩】